农地城市流转
与经济增长的交互作用及其尺度效应
——武汉城市圈市、县二维空间尺度的实证研究

钟海玥 ◇ 著

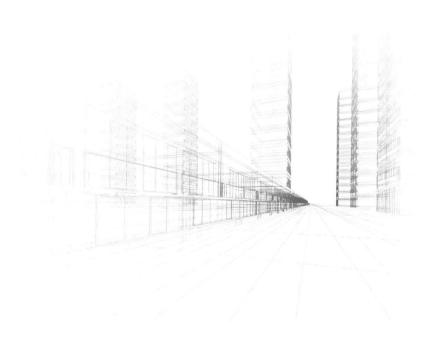

中国社会科学出版社

图书在版编目（CIP）数据

农地城市流转与经济增长的交互作用及其尺度效应：武汉城市圈市、县二维空间尺度的实证研究/钟海玥著 . —北京：中国社会科学出版社，2016.6

ISBN 978-7-5203-0378-1

Ⅰ.①农…　Ⅱ.①钟…　Ⅲ.①农村-土地流转-关系-经济增长-研究-武汉　Ⅳ.①F321.1②F127.631

中国版本图书馆 CIP 数据核字（2017）第 109470 号

出 版 人　赵剑英
责任编辑　喻　苗
责任校对　胡新芳
责任印制　王　超

出　　版　中国社会科学出版社
社　　址　北京鼓楼西大街甲 158 号
邮　　编　100720
网　　址　http://www.csspw.cn
发 行 部　010-84083685
门 市 部　010-84029450
经　　销　新华书店及其他书店

印刷装订　北京鑫正大印刷有限公司
版　　次　2016 年 6 月第 1 版
印　　次　2016 年 6 月第 1 次印刷

开　　本　710×1000　1/16
印　　张　12.5
插　　页　2
字　　数　158 千字
定　　价　55.00 元

自　序

作为经济增长过程中不可避免的代价性损失，农地城市流转是社会经济发展过程中不可避免的一种社会现象，两者间具有非常密切的关系。一方面，农地城市流转能增加非农建设用地的投入量，在经济增长仍处于要素投入阶段的我国，确实能有效地促进经济增长；但另一方面农地城市流转也会造成农用地资源尤其是耕地资源的损失，从而危及粮食安全、生态环境和社会安定，并最终成为经济发展的瓶颈。如何协调两者间的关系，在经济增长和农用地保护这一"两难境地"下做出正确的选择，是实现可持续发展的关键。此外，两者的相关关系同时还具有较为明显的尺度效应，即一方面，虽然各地的经济增长都表现出了与农地城市流转的明显相关关系，但相关关系的强弱却存在明显空间差异；另一方面，在不同规模尺度下对两者关系进行考察所得出的结论也存在较大差别，某一空间尺度下所揭示出的两者相互作用关系放在更大或更小尺度下则并不适用。为更全面地揭示两者的相互作用机制，为以协调经济增长与农地城市流转关系为目的的公共政策调整提供依据，本书以经济增长理论和生产要素理论为基础，基于脉冲响应分析、多层次建模技术和 C-D 生产函数模型，以武汉城市圈为例，对两者的相互作用机制及其尺度效应进行了分析。本书主要从以下三个方面进行研究。

（1）农地城市流转与经济增长的相关关系。本书首先对农地城市流转与经济增长的相互作用过程进行了理论分析，认为经济增长来自于要素投入量的增加和使用效率的提升，土地是重要的生产要素之一，经济增长必然会引发对其需求量的增加，且引致的土地需求主要表现为非农业用地需求，从而引发农地城市流转；反过来，农地城市流转会通过刺激资本投入要素的增加而间接作用于经济增长，其所刺激的资本投入数量和质量决定了其对经济增长的贡献率。其次，采用时间序列数据单位根检验、协整关系检验和脉冲响应分析对武汉城市圈两者的长期均衡和短期波动关系进行了检验，结果显示武汉城市圈农地城市流转与经济增长间既存在长期均衡关系也存在短期波动关系，短期波动服从于长期均衡；农地城市流转对经济增长冲击的响应要远大于经济增长对农地城市流转冲击的响应，说明农地城市流转对经济增长的贡献是有限的，城市圈整体可能已存在过度农地城市流转的风险。

（2）经济增长对农地城市流转的驱动力及其尺度效应。首先，从影响农地城市流转的社会经济因素出发，构建了一个农地城市流转经济驱动机制理论框架；其次，对农地城市流转各社会经济影响因子的空间尺度效应进行理论分析，并在此分析的基础上结合分层线性模型技术构建了多层次农地城市流转经济驱动机制理论模型；最后，采用 HLM 统计软件，基于多层次农地城市流转经济驱动机制理论模型对武汉城市圈市、县二维空间尺度下经济增长对县域农地城市流转的驱动作用进行了估计。研究结果显示，城市圈县域农地城市流转规模的差异有 60.53% 表现为市内差异，39.47% 表现为市间差异；县域和市域尺度下的经济增长对于其县域农地城市流转都具有正向推动作用；除直接作用于县域经济增长外，市域尺度经济增长还会通过强化县域尺度经济增长对农地城市流转的正向驱动力间接作用于县域经济增长。

（3）农地城市流转对经济增长的贡献及其尺度效应。首先，对农地城市流转资源的配置方式和空间配置效率进行了理论分析，认为区域农地城市流转资源配置的空间效率均衡条件为区域内所有地区的农用地和城市用地边际收益相等；其次，采用基尼系数和泰尔指数分解的方法对农地城市流转对经济增长贡献的空间差异水平进行了初步判断；最后，将分层线性建模技术与 C–D 生产函数结合起来，构建了同时包括多个空间尺度因素的生产函数模型，对城市圈县域尺度农地城市流转对经济增长的贡献及市域尺度因素对其的影响进行了分析。研究显示，城市圈农地城市流转对经济增长贡献的差异主要表现为市内差异，市间差异占比较小但却呈持续增加态势，说明城市圈年度农地城市流转指标在空间配置上主要表现为县域尺度下的"不合理"，但市域尺度下的"不合理"度有增加的风险，也应引起重视；城市圈经济增长的空间尺度差异有 63.20% 属于县际差异，36.80% 属于市际差异，市域因素对辖区内的县域经济增长作用不容忽视；农地城市流转对城市圈经济增长贡献的县域平均值为 −1.36%，已存在过度农地城市流转的现象，未来经济的发展应更注重现有城市建设用地的内部挖潜；市域尺度的经济增长有助于提升其辖区内各县（市、区）农地城市流转对经济增长的贡献，但市域人口规模的增加和城镇化水平的提升反而对其辖区内各县（市、区）农地城市流转对经济增长的贡献具有负向影响。

本书是在我博士学位论文的基础上修改完成的。博士学位论文写作期间导师张安录教授悉心指导，并时常帮我修改论文至深夜，拙著的出版是对导师辛苦付出的一点回报。此外，拙著的出版得到了浙江海洋大学科研启动经费的支持。

钟海玥

2016 年 6 月于浙江舟山

目　录

图目录

表目录

第一章

绪 论

第一节 研究背景

一 农地城市流转与经济增长关系密切

农地城市流转与经济增长关系密切（Masek，et al.，2000）。一方面，农地城市流转作为经济增长中的代价性损失是不可避免的（谭荣，2008），这对于经济发展尚处于要素投入阶段的我国（沈坤荣，1999）尤为明显。改革开放以来，我国国内生产总值（GDP）由 1978 年的 3645.2 亿元增加至 2011 年的 472115.0 亿元，年均增长率高达 15.9%[①]，经济发展势头强劲，但经济的发展也带来了大量的农地资源损耗。据统计，即使在严格耕地资源保护政策下，1996—2006 年我国的年均耕地非农化面积也高达 16.84 万公顷（刘庆等，2009），这些损失的耕地大多流转成了城市建设用地。据统计，1986—2003 年全国因城镇扩张所引发的耕地损失高达 33.4 万公顷，占同时期耕地总损失面积的 21%（Chen，2007）。由于农地非农化是增加土地要素投入的唯一方式（谭荣和曲福田，2006），可以预见，我国农地非农化规模扩张将伴随经济的高增长持续相当长一段时间。

另一方面，发生农地流转的主要是城市周边耕作条件相对较

[①] 《中国统计年鉴 2012》。

好的优质农地（Kuminoff et al., 2001），这无疑会对社会安定（Qu, et al., 1995; Zhan, 1997; Ding, 2007）、粮食安全（Gardner, 1996; 杜受祜等, 1996; Tweeten, 1998; Yang and Li, 2000; 蔡运龙, 2000; 傅泽强等, 2001）以及生态环境（Collins, et al., 2000; Alberti, 2005; 蔡银莺, 2005; Cao, et al., 2006）产生一系列负面影响。陈竹和张安录（2010）以湖北省仙桃市为例进行的农地城市流转负外部性测算结果表明，因农地城市流转所引发的农地产量降低、治安水平变差、空气质量下降、噪声污染加剧、自然影响破坏等负外部性成本，最高可达 1.45×10^4 元/（$hm^2 \cdot a$）。此外，因征地所引发的失地农民上访、农村群体事件不断，全国因征地所引发的农村群体性事件已占农村群体性事件总量的65%以上（王红茹, 2006）。若这些负面影响得不到很好的控制，必将成为经济发展的瓶颈，从而抑制经济增长。因此，如何协调农地城市流转与经济增长间的关系、缓解经济发展与耕地资源保护间的矛盾是维护社会稳定、保障社会经济可持续发展的关键。

与农地城市流转所引发农用地资源减少相对应的即为城市建设用地扩张，1981—2012 年，我国城市建设用地面积由 6720.00 平方公里增至 45750.70 平方公里，年均扩张率为 6.38%。以国内生产总值水平为经济增长的衡量指标，对比我国 1981—2012 年的城市建设用地扩张与国内生产总值变化趋势后，不难发现两者趋势的趋同性，相关性明显（图1—1）。

二　农地城市流转与经济增长关系存在明显空间尺度效应

农地城市流转与经济增长关系的空间尺度效应表现在两者关系的明显空间差异和不同空间尺度下两者关系的明显差别。

农地城市流转与经济增长的相关性具有明显空间差异。以 Pearson 相关系数作为对两者相关性的衡量，基于全国 31 个省（市、

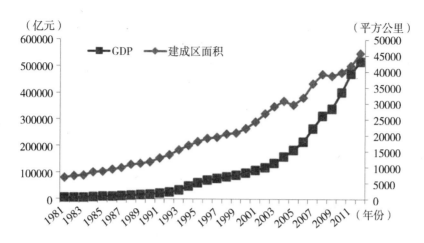

图1—1　1981—2012年中国城市建设用地面积与经济增长

资料来源：《中国统计年鉴》（1982—2013）、《中国城市建设统计年鉴》（1982—2013）。

区）1982—2012年的农地城市流转规模和生产总值数据，计算得到各省（市、区）的农地城市流转与经济增长相关系数，并绘制直方图，见图1—2。一般来说，相关系数绝对值小于0.1，认为两者无相关性；相关系数绝对值在0.1—0.3间，认为两者为弱相关关系；相关系数绝对值在0.3—0.5间，认为两者为中相关关系；相关系数绝对值大于0.5，认为两者为强相关关系。图1—2显示，各省（市、区）的农地城市流转与经济增长间存在正向相关关系，虽然个别省份的相关系数计算值低于0.1，但由于其能通过显著性检验，仍认为其存在正向相关关系。从相关系数值在各省（市、区）的分布来看，属强相关的有8个省（市、区），占31个省域单元的25.81%；属中相关的有10个省（市、区），占31个省域单元的32.26%；属弱相关的有13个省（市、区），占31个省域单元的41.94%，农地城市流转与经济增长的相关关系在各省（市、区）间具有较明显空间差异。从三大区域（东、中、西部）来看，西部地区的省域差异相对更为明显，中部次之，东部最弱，但东、中、西部间的整体差异并不明显。

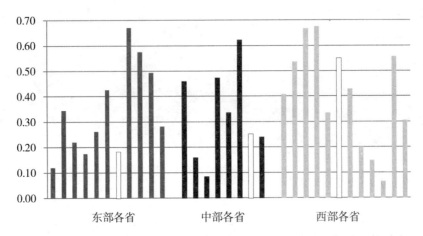

图1—2 东、中、西部地区省域农地城市流转与经济增长相关系数对比

注：东部地区包括北京市、天津市、河北省、辽宁省、上海市、江苏省、浙江省、福建省、山东省、广东省和海南省；中部地区包括山西省、吉林省、黑龙江省、安徽省、江西省、河南省、湖北省和湖南省；西部地区包括内蒙古自治区、广西壮族自治区、重庆市、四川省、贵州省、云南省、西藏自治区、陕西省、甘肃省、宁夏回族自治区、新疆维吾尔自治区。

资料来源：《中国城市建设统计年鉴》（1982—2013）、《新中国60年统计资料汇编》、《中国统计年鉴》（2009—2013）。

不同规模空间尺度下的农地城市流转与经济增长关系存在明显差别。以浙江省、湖北省和云南省为东、中、西部地区各省（市、区）的代表（图1—2中的空心柱为选中的代表省份），在市域尺度下对两者相关系数进行计算。结果显示，市域尺度下两者关系的空间差异较之省域尺度更为显著（图1—3）。对比图1—2和图1—3发现，若从市域尺度对三大区域间的农地城市流转与经济增长关系进行考量，则三大区域间的差异将更加显著。基本研究单元空间尺度的缩小，能更好地揭示隐藏的农地城市流转和经济增长信息，数据精度会大大提高，结果将更加准确。因此，通过将区域内部更小空间尺度单元连接成一个可代表区域空间异质性的网络而进行的分析较之直接以区域整体为研究基本单元进行的分析更能揭示区域农地城市流转与经济增长间的实际关系。

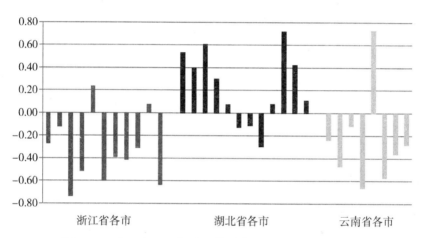

图 1—3　东、中、西部地区典型省份市域农地城市流转

与经济增长相关系数对比

注：浙江省各市包括杭州市、宁波市、温州市、嘉兴市、湖州市、绍兴市、金华市、衢州市、舟山市、台州市和丽水市；湖北省各市包括武汉市、黄石市、十堰市、宜昌市、襄樊市、鄂州市、荆门市、孝感市、荆州市、黄冈市、咸宁市和随州市；云南省各市包括昆明市、曲靖市、玉溪市、保山市、昭通市、丽江市、思茅（普洱）市、临沧市。

资料来源：《中国城市统计年鉴》（2004—2012）、《浙江省统计年鉴》（2004—2012）、《湖北省统计年鉴》（2004—2012）、《云南省统计年鉴》（2004—2012）。

三　武汉城市圈的重要地位

武汉城市圈，又称"1+8"城市圈，是指以武汉市为中心，周边 100 公里内的黄石（副中心）、鄂州、黄冈、孝感、咸宁、仙桃、天门和潜江八个城市所共同组成的区域经济联合体（图 1—4）。其中，仙桃、潜江和天门三市属省直管市（副地级市），区内不再下设县级单元；余下六市属地级市，辖区内共包含45个县（市、区），是我国中部地区最大的经济联合体。有关武汉城市圈的构想，最早于2002年6月10日由时任湖北省省委书记俞正声在中国共产党湖北省第八次代表大会上提出；2004年省政府下达《关于武汉城市经济圈建设的若干问题的意见》，提出了"四个一体化"的建设思路；2005年"中部崛起"10号文件将"武汉城市圈"列为中部四大城市圈之首，城市圈建设进入中央视野；2006年12月，武汉城市圈被国家发改委列为重点跟踪考察点；2007年12月7日，正式获国务院批准成为"全国资源节约型和环境友好型社会综合配套改革试验区"。

图1—4   武汉城市圈

武汉城市圈是湖北省社会经济发展的主要原动力和农地城市流转聚集地。占地不到全省 1/3 的武汉城市圈集中了全省超过一半的人口、六成以上的 GDP 和农地城市流转。据统计，城市圈九市的国土总面积为 58052 平方公里，占湖北省国土总面积的 31.25%；2011 年，圈内常住人口为 3050.87 万人，占全省总人口的 52.98%。2007—2011 年，武汉城市圈累计生产总值达 42030.54 亿元，占全省五年累计生产总值的 60.72%；累计农地城市流转规模为 47616.40 公顷，占全省五年累计农地城市流转总规模的 60.38%。

第二节　研究目的与意义

一　研究目的

经济增长过程中的农用地损失是一个全球性现象，如何协调经济增长与农地资源保护间的矛盾是世界各国社会经济发展过程中所共同面对的难题，"人多地少"和"发展中国家"的基本国情使得两者间的矛盾在我国尤为突出。两者关系的协调首先有赖于对两者相互作用机制和一般规律的了解，这也是学术界有关两者关系讨论不断的重要原因。然而，现有相关研究基本都在同一时空尺度下进行，忽视了时空尺度效应对两者关系的影响，讨论并不完善。农地城市流转与经济增长的关系具有明显的尺度效应，而这一尺度效应在单一时空尺度下的讨论难以得到体现，从而造成分析过程中农地城市流转与经济增长相关信息的缺失，影响分析结果。基于此，本书拟从多空间尺度对两者的关系进行讨论，拟解决的问题如下。

（1）农地城市流转与经济增长的长期均衡和短期波动关系如何？

两者相互冲击作用下的响应过程是怎样的？

（2）经济增长对农地城市流转的驱动机制如何？经济增长对农地城市流转的驱动作用具有怎样的尺度效应？

（3）农地城市流转对经济增长的贡献如何？农地城市流转对经济增长的贡献具有怎样的尺度效应？

二　研究意义

（一）理论意义

尺度问题是当前土地利用/覆被变化相关研究的重点攻关方向，农地城市流转则是土地利用/覆被变化的最重要组成部分，而农地城市流转与经济增长的关系又是农地城市流转相关研究中最常被讨论的部分。本书基于多层次建模技术构建了包含不同空间尺度层次间相互作用关系和反馈机制的农地城市流转驱动机制模型，弥补了当前农地城市流转模型局限于单一尺度的不足；将多层次建模技术与C-D生产函数相结合，构建包含多尺度效应的生产函数，提出了大尺度因子对小尺度农地城市流转经济增长贡献影响力的测度方法；提供了多尺度农地城市流转与经济增长相关分析的理论框架和思路。

（二）实践意义

武汉城市圈是我国中部地区最大的经济体，是国家"中部崛起"战略的重要支撑点，当前城市圈正处于由起步阶段向加速建设阶段的过渡期，农地城市流转在大规模基础设施建设和项目开发过程中不可避免。城市圈地处江汉平原腹地，自古就是我国的粮食主产区，在国家粮食安全战略布局中具有举足轻重的地位，这使得农地城市流转与经济增长间的矛盾在武汉城市圈尤为突出。从多尺度对城市圈农地城市流转与经济增长关系进行讨论有利于更全面、完整地了解城市圈农地城市流转与经济增长交互作用的特点及机制，从而为制订更合理的农地城市流转计划和指标分配方案提供依据，提高农地城市流转的效率，实现城市圈土地资源在农用地和城市用地间的优化配置，更好地协调农用地资源保护与城市圈建设的关系。

第三节　技术路线

首先，根据本书的研究目的、目标与内容，收集整理研究所需数据、信息与资料，构建指标齐备的数据、资料库，以支撑本文研究的开展。

其次，在对农地城市流转和经济增长时间序列数据平稳性检验的基础上，通过协整关系检验分析两者的长期均衡关系；构建脉冲响应函数分析两者的短期波动关系，从而全面分析农地城市流转与经济增长的关系。

再次，基于分层线性模型技术构建跨尺度农地城市流转驱动机制模型，估算各尺度因子对农地城市流转的驱动力，分析县域和市域尺度下经济增长对县域农地城市流转的驱动作用。

又次，将 C-D 生产函数与分层线性模型相结合，构建同时包含县域和市域尺度的生产函数模型，量化县域农地城市流转对经济增长的贡献及市域尺度因素对这一贡献的影响。

最后，结合农地城市流转与经济增长相关关系、经济增长对农地城市流转作用跨尺度分析和农地城市流转对经济增长贡献跨尺度分析的结果，为协调农地城市流转与经济增长关系提供政策建议。

具体如图 1—5 所示。

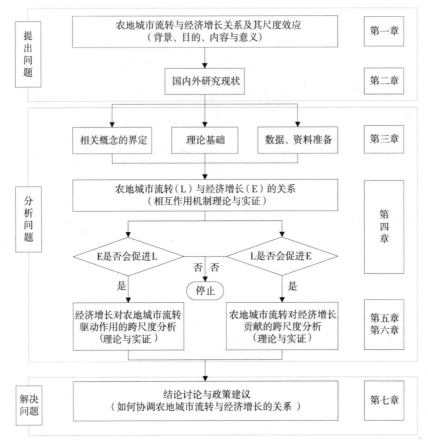

图 1—5　研究技术路线

第四节　研究内容与可能的创新

一　研究内容

结合研究的技术路线（图1—5），全书共分为七个章节，各章节的具体内容如下。

第一章为研究选题的介绍。介绍了本书的研究背景、目的、意义及研究区域，提出了研究思路、内容与方法，并对研究的可能创新之处进行了说明。

第二章为现有相关研究的文献综述。在对国内外现有相关研究进行梳理和分析后，对已有的研究成果进行了总结和评述，提出了本书的研究思路。

第三章为研究基础。首先，对农地城市流转、经济增长、尺度和尺度效应等本书涉及的主要概念进行了界定；其次，对经济增长理论和要素生产理论进行介绍，它们是本书的理论基础。

第四章为农地城市流转与经济增长的相关关系研究。首先，提出了农地城市流转与经济增长的交互作用机制，分析了两者的相互作用过程；其次，剖析了武汉城市圈经济增长与农地城市流转规模的时空变化趋势及特征，通过对比研究时段内县域农地城市流转与经济增长变化速率的空间分布，对两者的关系进行初步判断；最后，以武汉城市圈为例，通过单位根检验、协整关系检验和脉冲响应函数的方法，对农地城市流转和经济增长的长期均衡和短期波动关系进行了分析，进一步验证两者间的相互关联作用。

第五章为经济增长对农地城市流转驱动作用的跨尺度分析。首先，提出了农地城市流转的经济驱动机制，并对影响农地城市流转的社会经济因素的作用尺度进行了分析；其次，基于线性分层模型思想构建了农地城市流转的分层驱动模型，并以武汉城市圈为例，对武汉城市圈农地城市流转规模的空间差异及不同空间尺度经济增长对其的驱动作用进行了分析。

第六章为农地城市流转对经济增长贡献的跨尺度分析。首先，对农地城市流转的资源配置方式和空间配置效率进行了说明，并采用基尼系数和泰尔指数对武汉城市圈农地城市流转对经济增长贡献的空间不均衡度进行了量化；其次，将 C-D 生产函数与线性分层模型思想相结合，构建分层经济增长模型，分析了城市圈农地城市流转对经济增长贡献空间不均衡的原因。

第七章为结论与讨论部分。结合第一章到第六章的理论和实证分析结果，对研究的主要结论进行了回顾，并据研究结论提出了相关政策建议。最后针对研究中存在的不足，提出了未来改进的方向。

二　可能的创新

本书可能的创新表现在以下三点：（1）针对当前农地城市流转与经济增长相互关系的讨论多基于单一尺度，难以完整揭示两者交互作用关系的问题，从大空间尺度因素对小空间尺度下两者相互作用机制影响的角度尝试提出了对两者关系进行跨尺度讨论的思路和方法；（2）将分层模型思想引入农地城市流转驱动机制模型的研究中，构建同时包含多空间尺度因素的农地城市流转分层驱动模型，对农地城市流转的驱动机制进行更完整的模拟，并据其对经济增长对农地城市流转的驱动作用及其尺度效应进行了量化；（3）将线性分层模型与C-D生产函数相结合，构建多空间尺度生产函数，对小尺度农地城市流转对经济增长的贡献，及大尺度因素对这一贡献的影响进行了量化分析。

第二章

国内外相关研究进展及评述

第一节　国内外研究动态

一　农地城市流转与经济增长相关关系

国外有关农地城市流转与经济增长的研究始于理查德·F.穆特（1961），其在研究中假设了一个空间均质的 Muth 平原，并将土地用途限定为耕作（农用地）和住宅（城市用地）两类，提出了城市边缘地区农地城市流转模型，认为经济的波动将通过产品价格、地租、交通运输成本等作用于土地在农村与城市间的流转及流转地块的空间分布。当收入和人口同步增长时，土地在两类用途间的流转（农地城市流转）取决于消费者对住宅和农业产品的相对需求弹性。此后，模型被不断完善，不可逆性（Arrow and Fisher，1974）、不确定性（Leroux and Greedy，2007）、选择价值（Cunningham，2007；Towe，et al.，2008）、空间异质性（Magliocca et al.，2011）和空间关联性（Chakir and Gallo，2013）等被相继引入。这些模型都以经济学第一假说为基本原则，将土地用途的转换看作各类土地用途所带来净收益博弈的结果，各权利主体总是会选择能为自己带来最高收益的那种土地用途（Plantinga，1996）。1990 年，保罗·克鲁格曼（Paul Krugman）基于 Muth 的农地城市流转决策模型，构建了"二地区、二部门"空间一般均衡模型，认为以交通运输费用为代表的一系列表征经济行为的经济参数对于制造业的占地规模及空间分布具有决定性作用。克兰和艾莉格（1999）在充分考虑人口、收入水平、农地价格、农地所有权结构、土地利用相关法律、农业保护区建设以及城市扩张边界等因素后构建了农地城市流转 Probit 模型。研究认为，通过编制土地利用规划、设置城镇扩张边界等行政手段并不能有效抑制农地城市流转行为的发生，社会经济行为的改变才是促使农地城市流转发生的决定性因素。龙等（2007）在研究中也认可了与人类活动密切相关的社会经济行为是驱动土地利用方式发生改变最主要因素的观点，但也指出，这一驱动作用会受到地块自身自然地理条件的限制。田等（2011）基于 Multi-agent 系统，在充分考虑地方当局、房地产开发商、居民以及环境保护者的行为及决策意愿后，以美国凤凰城为例对城镇扩张的时空变化机制进行了模拟。研究考虑到以地块为研究单元时相应的社会经济数据不易获取，用地块距最近城镇、最近商业中心的距离等进行了替代，并通过模拟对比一般情况、环境保护优先和经济发展优先三个情境下的农地城市流转变化趋势，验证了经济增长对农地城市流转的正向驱动作用。恰基尔和加仑（2013）将土地用途分为农用地、林地、城镇用地和其他土地，分别构建了其他土地转为农用地、林地和城镇用地的概率模型。分析认为，经济的发展对其他类型土地向城镇用地的流转有正向推动作用，但对其向农用地和林地的流转则具有抑制作用。研究还通过对比 OLS、SEM-GMM、RE-GLS、KKP-GMM、BP-PGLS 的估计结果指出了空间异质性和空间自相关性对模型估计精确性的影响。农地城市流转对经济增长的影响方面，库米诺夫等（2001）以美国加利福尼亚州 1988—1998 年的农地城市流转情况进行分析后指出，农地城市流转除会对区域生态环境、粮食安全等造成影响外，在农业经济行为综合效益的作用下，也会对当地的经济发展产生阻碍，且这一阻碍在一些农业经济占主导地位的地区尤为明显。综上所述，国外有关农地城市流转与经济增长关系的研究，大多是从微观经济学角度进行的，偏重于对经济增长过程中土地主个体经济选择和决策的模拟，认为个体决策的变化是影响农地城市流转的重要原因。这主要是由于国外主要实行土地私有制度且土地市场完备，土地主的决策对用地类型具有决定性作用。而我国是土地公有制国家，土地一级市场并未向公众开放，用地类型的变化主要受国家政策及宏观经济环境的影响，国外已有不少针对中国的此类研究指出了经济增长（Yang and Li，2000；Ding，2003；Tan et al.，2005）、外商直接投资和非农工资水平（Seto and Kaufmann，2003）、城乡分割的户籍制度（Shen et al.，2002），以及地方政府寻租行为（Wang and Scott，2008）等因素对农地城市流转的作用，但少见相关量化研究。

改革开放30多年来，我国每一次以固定资产投资大幅增加为特征的经济鼓动期都必然伴随着新一轮的耕地总量滑坡，而在经济调整期耕地总量缩减的势头则会有所减缓（李秀彬，1999），这引起了国内学者对耕地面积变化与经济波动关系的关注。随后，这一关系在一些学者的研究中得到了数理验证，认为经济发展是耕地数量变化最主要的驱动力之一（郭贯成，2001；杨桂山，2001）。有学者将表征收入差距与经济发展水平关系的库兹涅茨曲线（倒"U"型曲线）引入耕地变化与经济增长关系的研究中，提出了耕地损失与经济增长的库兹涅茨曲线假说，并通过对我国典型地区1979—2000年耕地损失率的变化趋势分析对这一假说进行了验证（曲福田和吴丽梅，2004）。然而，由于其在研究中并未对经济增长速率与耕地资源消耗的直接关系进行验证，这一假说并未得到学术界广泛的认可，为验证这一假说的科学性，一些针对这一假说的实证研究相继出现。这其中，有一些认为，尽管经济发展水平（人均GDP）与年均耕地面积减少间的拟合趋势线在形式上表现为倒"U"型，但其拟合二次方程远未达到显著性水平，经济发展与耕地占用之间的真实倒"U"型曲线关系并没有出现，用指数关系表达更合适。并以长江三角洲地区为例，进一步测算认为，当人均 GDP 低于 12000 元/人时，区域内经济增长占用耕地的压力较大；而当人均 GDP 超过 30000 元/人时，这一压力将开始显著减缓（杨桂山，2002、2004）。也有一些学者认为，尽管两者间的关系受政策制度等相关因素的影响，与典型库兹涅茨曲线相比有所差异，会出现扭曲或变形，但其总体上仍基本符合库兹涅茨曲线特征（蔡银莺，2005；张正栋，2005）。有学者应用脱钩（Decoupling）理论开展耕地占用与 GDP 增长关系的研究，构建了两者间的脱钩指标体系，为如何降低经济增长中的耕地占用代价提供了衡量标准（陈百明和杜红亮，2006）。并以全国 31 个省（市、区）为例开展了实证研究，认为我国东、中、西部地区的耕地占用相对于区域经济增长已出现不同程度的退耦现象，其中以中部地区最为明显，即相对于经济增长速度而言，中部地区的建设占用耕地速度最慢（郭琳和严金明，2007）。还有一些学者采用脉冲响应函数对两者间的相互作用进行了探讨，这类研究普遍认为经济增长与耕地非农化的双向作用并不均衡。刘庆等（2009）在对全国 1986—2006 年的耕地非农化与经济发展水平进行脉冲响应分析后认为，两者间存在长期均衡，但短期内呈现失衡状态。短期内，经济发展对耕地非农化的冲击强烈，社会经济发展水平提升对耕地非农化规模的推动作用明显；而经济发展对耕地非农化规模的冲击响应微弱，耕地非农化对经济增长的促进作用十分有限。然而，高魏等（2010）采用同样的方法以湖北省为例进行实证研究时，得出了不太一致的结论，认为经济增长对农地城市流转的推动作用具有长期性和稳定性；而农地城市流转在短期内对经济增长的贡献不明显，但从长期来看仍具有较大的影响。

二　经济增长对农地城市流转驱动力的研究

国外有关农地城市流转宏观驱动力的研究主要集中于探讨人口增长对农地城市流转的作用（Rudel and Roper，1997；Carmen and Irwin，2004；Kok，2004），对于经济增长驱动力的研究相对较少，已有此类研究不少也是以中国为对象与中国学者合作开展的，且大多基于单中心城镇模型进行。1983 年，布吕克纳和范斯勒首次基于单中心城镇模型，对城镇用地规模的影响因素进行分析，认为收入、交通成本以及农地价值是决定城镇规模的主要原因。研究具有完整的经济学结构框架，但由于其仅以 40 个城镇的一年期数据进行实证分析而受到了一些质疑。2005 年，麦克格拉思通过收集更完备的数据在更大范围内开展实证研究对这一研究成果进行了进一步的验证，研究基于全美最大的 33 个城市 1950—1990 年的面板数据开展，为布吕克纳和范斯勒的观点提供了新的论据。邓等（2008、2010）以单中心城镇模型为基础，基于遥感影像和国家统计数据在县域层面对中国 1980—2000 年的经济增长与城镇扩张的关系进行了数理分析。研究表明，GDP 每增加 10%，中心城镇面积将扩张 3.97%。研究还进一步指出了经济结构对这一关系的影响，认为第三产业 GDP 增长对于中心城镇面积扩张的驱动作用要强于第二产业。何和林（2004）基于遥感影像数据对中国改革开放后典型地区非农用地扩张情况进行分析后认为，人口密度、城镇化水平以及社会经济发展状况是推动中国农地城市流转的主要原因，并进一步通过多元回归分析发现，每 1% 的人均 GDP 水平提升将带来 0.84% 的非农建设用地占土地总面积比例的增加。

国内最早在构建经济增长与农地城市流转相关关系的模型时，一般仅考虑了拟研究的变量，并未对农地城市流转的影响因素进行全面系统的分析。例如，叶忱和黄贤金（2000）基于 1980—

1997 年江苏省的经济发展、人口增长以及耕地资源数量变化情况构建了耕地资源数量与经济发展、人口和固定资产投资间的动态多元回归模型，认为经济发展所引致的耕地资源需求少于对非农用地需求，GDP 每增加 10 亿元会带来 622.85 公顷的耕地资源减少。李兆富和杨桂山（2005）基于苏州市新中国成立 50 年（1949—2002）来的统计数据，构建了耕地面积与人均 GDP 间的指数关系模型，认为研究期内全市的耕地面积随人均 GDP 的增加而呈现指数递减趋势，但单位经济增长所占用的耕地面积将会随着经济发展水平的提升而逐渐减少，在人均 GDP 为 1 万—2 万元、2 万—3 万元、3 万—6 万元阶段时，每百亿元 GDP 增加所占用耕地的面积分别为 4450 公顷、2795 公顷和 1178 公顷。然而，这些研究都仅从计量经济学的角度对耕地减少和经济增长间的关系进行了数理分析，缺乏对其他农地城市流转可能影响因素的考量，这无疑会对研究结果的准确性和可靠性产生影响。随着研究的深入，一些学者转而对农地城市流转的驱动机制进行探讨，并据其进一步测度了经济增长对农地城市流转的驱动力大小。曲福田等（2005）基于 1995—2001 年的省级数据，采用线性回归模型，对我国农地非农化的经济驱动机制进行了分析，认为人口和固定资产投资是农地非农化的主要推动因素。高魏等（2007）将影响农地城市流转的因素分为社会因素、经济因素和政策制度因素三类，并认为经济因素是主要推动因素。其将经济因素分为经济发展水平、居民收入水平、产业结构调整、土地利用比较收益和土地价格五类，回归结果表明，固定资产投资增加、地均 GDP 增长、人均可支配收入提升以及产业结构升级都会对耕地资源的消耗产生正向推动作用。固定资产投资增加 1%，耕地资源消耗增加 0.00791%；地均 GDP 增加 1%，耕地资源消耗增加 0.13866%；农村和城镇居民人均可支配收入增加 1%，耕地资源消耗分别增加 0.16771% 和 0.15529%；第三产业份额增加 1%，耕地资源消耗增加 0.13538%。闵捷等（2008、2009）从时空角度出发，对农地城市流转的驱动机制进行了分析，认为经济增长、固定资产投资增加和人口增长在任何发展阶段、任何地区都是农地城市流转的主要诱因，但其作用大小在不同的发展阶段不同，在东、中、西部地区以及不同地貌类型地区也有所差异。

三　农地城市流转对经济增长贡献的研究

随着农地资源稀缺程度的增加，国外一些农业、资源、环境和城市经济学家们开始关注农地城市流转的效率问题，但关注的重点集中于农地资源数量及其所存在的生态环境系统质量，即如何尽可能地保护和维持农地资源的正外部性，同时降低农地城市流转的负外部性，实现农村和城市发展的平衡（Bruns and Schmid，1997；Peterson and Boisver，2000；Val，2002）；城市理性增长目标的制定；以及住宅、商业、景观、公共服务设施等多种城市用地的合理配置（Knaap and Moore，2000；Haff，2003；Turne，2007）。研究大多以资源配置边际原则作为农地城市流转效率的评价标准，认为当土地资源在各个部门所产生的边际效应相等时，土地资源在各部门间的配置达到最优，农地城市流转效率实现最大化。从公共管理角度对农地城市流转效率内涵及其量化的研究，在国际上几乎没有（Buitelaar，2007），有关农地城市流转对经济增长作用的测度也未见相关研究。

国内学术界对于农地城市流转对经济增长的贡献大多呈肯定态度，认为土地作为一种最基本的生产要素，对经济增长的作用不言而喻，而农地城市流转则是增加土地要素供给的唯一路径。但也有一些学者认为建设用地规模扩张在带来资本存量增加的同时也会引发资本产出比率的上升，两者作用相抵，对经济增长的最终贡献其实相当有限（尹锋和李慧中，2008）。谭荣等（2006）认为这两类看法都未抓住问题的核心——"度"。其在研究中将农地非农化损失分为代价性损失和过度性损失，并在理论上测算认为，我国 1989—2003 年的农地非农化代价性损失所占比例仅为 33.4%，农地过度损失现象严重，在不影响经济稳定增长的条件下，农地非农化规模可缩减 21.7% 左右。在农地城市流转对经济增长贡献的量度方面，以 C-D 生产函数法最为成熟和普遍，最初的研究大多以区域为研究对象，分别测算东、中、西部地区农地城市流转对经济增长的贡献率（陈福军，2001；陈江龙等，2004；杨志荣等，2008）。测算结果普遍显示，东部地区农地城市流转对经济增长的贡献率普遍高于中、西部地区，应赋予东部地区更多的非农建设用地占用耕地指标。考虑到这些研究中可能存在因忽视农地存在的非市场价值而产生的农地非农化经济效益高估，加之我国当前农地非农化对经济增长贡献区域差异主要来源于三类区域内部而非区域之间（谭荣、曲福田等，2005），谭荣和曲福田（2006）从资源空间配置的基本原理出发，以各区域农地非农化边际净效益相等为标准，在充分考虑农地非农化生态效益的前提下，对我国 1989—2003 年的农地非农化的空间配置效率进行了评估。评估结果进一步支持了陈江龙等人的观点，认为将中、西部地区的部分农地非农化指标转移到东部地区能实现对原配置效率的帕累托改进。随后，一些学者在省域甚至更小范围内开展了此类研究，如吴次芳等（2008）对 Z 省 2000—2005 年的农地非农化对全省经济增长贡献率的测度；李建强等（2008）以距成都市中心的距离为标准将成都市进一步划分为四类地区，并分别测度了各类地区农地非农化的经济增长贡献率，以对比分析成都市农地非农化经济效率的内部差异；张基凯（2010）在构建山东省 C-D 生产函数时，将辖区内各地市的农地非农化规模变量均纳入其中，研究了耕地非农化对经济增长贡献在全省各地（市）间的差距，并从资源优化配置的角度估算了各地（市）耕地非农化的最优规模。

四　土地利用/覆被变化的多尺度研究

土地利用/覆被变化具有明显的尺度相关性，任何一种土地利用/覆被的变化都必然落实在一定的尺度范围内，在土地利用及其影响逐步由局部或直接方面转向宏观或全球性非间接性影响过程中，也经常发生与尺度相关或尺度嵌套的问题（Castella et al.，2007）。在某一空间尺度下所揭示出来的土地利用/覆被变化规律和模型并不能简单地应用在高一级或低一级空间尺度上，且不同层次空间尺度下的土地利用/覆被变化间还存在相互作用的反馈机制（Veldkamp，1996；Peter and Chen，2000；陈佑启和何英彬，2005）。对土地利用/覆被变化的相关研究需要首先建立一个空间尺度等级体系，只有多尺度的综合分析才能更好地揭示土地利用/覆被变化实质（Bouman，2000；Verburg et al.，2004；罗格平等，2009）。现有研究普遍强调了尺度的重要性，在研究开始之前都首先对研究的尺度进行了界定，但其基本都在同一尺度进行，尽管不少研究都指出了多尺度分析（李秀彬，2002；Verburg et al.，2004；邓祥征和战金艳，2004）和规模尺度层次区分（邵景安等，2007）对于土地利用/覆被变化相关研究的重要性，但真正从多尺度对其进行系统研究的成果仍较少（岳天祥和刘纪远，2003）。

现有土地利用/覆被变化相关的多尺度研究主要集中于土地利用/覆被变化的驱动力方面。具体分为两类：一类是将研究区域空间尺度进行人为细分，然后分别在各尺度上构建经验统计模型，量化土地利用变化及其驱动因子的关系。例如，费尔德坎普和弗雷斯科（1997）将哥斯达黎加按六种不同单位栅格尺寸规格（7.5×7.5、15×15、22.5×22.5、30×30、37.5×37.5、45×45）进行人为划分，然后分别在不同尺度构建线性回归模型对1973—1984年的牧草地、可耕作土地、优质农用地、自然植被和次生植被变化的驱动机制进行模拟。模拟结果显示生物地球物理因子和社会经济因子对哥斯达黎加的土地利用/覆被变化的驱动作用具有尺度依赖性，同一因子在不同空间尺度下的驱动力不尽相同。科宁等（1998）采用类似的方法，以厄瓜多尔为例，对其空间尺度按不同栅格尺寸进行人为拆分，然后分别建立不同尺度下的各地类土地利用变化模型，研究显示，不同空间尺度下的土地利用/覆被变化主要驱动因子间存在较明显的差异。皮特和陈（2000）、斯蒂芬等（2001）也分别以这一方法对中国和泰国的土地利用/覆被变化情况进行了模拟、分析。而国内此类研究相对较少，仅搜索到两篇，分别为邓祥征和战金艳（2004）以中国北方农牧交错带为例，通过构建、对比不同栅格尺度上的耕地扩张与牧草地收缩及其驱动因子的关系模型，验证了土地利用变化驱动力因子尺度效应的存在，指出了多尺度分析对于土地利用变化驱动力相关研究的必要；邱炳文等（2008）分别以县域和乡域为基本研究单元对闽清县农业用地变化驱动力进行分析后认为，模型的解释能力和主要驱动因子的制约作用会随着研究尺度的增大而逐渐增强。

　　另一类则基于多水平统计学进行，采用多层次统计分析方法构建可以同时集成不同尺度和管理层次及它们间相互关系的统计模型进行模拟。现有此类研究以国外学者研究为主，国内学者几乎没有涉及。星野（2001）基于1989年的日本土地调查数据和1990年的社会经济数据分别构建了省域和市域单一尺度影响因子的农用地分布模型和同时包含省域和市域两级尺度影响因子的农用地分布模型，对日本的土地利用结构进行了分析。研究显示，同时包含省域和市域两级影响因子的农用地分布模型更具解释能力。多层次建模技术的应用是构建同时包含各区域特征的全球土地利用变化模型问题解决的一个有效思路（Turner, 1995）。波尔斯基和伊斯特林（2001）将李嘉图模型与多层建模技术相结合，以农用地价值变化来衡量气候变化对农业土地的影响，构建了包含县域和区域两级尺度的农用地价值变化模型，以之衡量气候变化对美国大湖平原土地利用结构变化和等级特征的影响。威廉和理查德（2005）将土地利用类型分为森林、牧草地、多年生植物林、一年生植物林和其他五类，以各类用地占样本农场的比例为因变量，基于 1999 年对厄瓜多尔亚马逊地区北部 59 个社区 398 个典型农场的调研结果，构建农场—社区两层土地利用变化模型，对亚马逊地区的土地利用结构变化及其驱动力因子作用进行了模拟，认为采用多层模型对土地利用变化情况进行模拟不但与现实的土地利用变化情况更为契合，也可检验和控制空间自相关性存在对模型估计所造成的影响。科林和里奇（2006）将遥感影像数据与农户调研数据相结合，构建了传统单一层次模型和三层线性模型（图斑—农户—农业组织），对墨西哥南部地区的林地砍伐情况及其影响因素进行了分析，再次验证了多层建模技术在处理分层数据结构和空间数据上的优势。科恩和皮特（2006）也采用类似的方法从农户和村庄两级尺度对菲律宾的土地利用结构及其变化机制进行了分析。姜等（2012）采用 Multi-level 建模技术对中国城镇化热点区域的农地城市流转状况进行了分析，探讨了社会经济因素在不同地域层面（国家—省—县）对农地城市流转的影响。研究表明，在县域范围内，城镇土地地租的增加和非农业工资水平的提升都会对农地城市流转产生正向影响。在省域范围内，农地城市流转速率与 GDP 关系密切，呈现非线性关系，若 GDP 低于 657 亿元，流转速率会随 GDP 的增加而扩张；若 GDP 高于 657 亿元，流转速率则会随 GDP 的增加而减少。

尽管国外已有不少研究将多层次建模技术引入了土地利用/覆被变化的研究中，但这些研究都有一个共同的特点，即只在常数项引入了高层次变量，只考虑了高层次变量对土地利用/覆被变化的直接驱动作用，并未考虑其通过作用于低层次变量而对土地利用/覆被变化所产生的间接影响。国内采用多层次统计方法进行土地利用的相关研究较少，仅搜索到一篇，即2012年，赵小风等基于二层线性模型，对江苏省138个省级以上工业园区土地集约利用程度及其影响因素的分析。研究以工业园区的土地利用集约度为因变量，对开发区和区域两个层次的工业园区土地集约利用程度影响因素进行了分析。

第二节　国内外研究评述

农地城市流转与经济增长关系的研究一直是学术界关注的重点。但由于国内外土地所有制度和土地市场的差异，国外学者更偏好于从微观经济学的角度对各权利主体的行为进行模拟和讨论，认为经济增长是通过改变权利主体决策行为作用于土地用途改变的，并据此构建了一系列基于个体行为的农地城市流转决策模型，如空间一般均衡模型、agent－based 模型、Probit 模型等，在其中充分考虑了农地城市流转的一系列生态环境成本。近年来，对土地空间异质性的考量也被逐步纳入其中。农地城市流转宏观驱动力的研究方面，国外学者更倾向于对人口增长驱动力的讨论，尽管有些文献在研究中也指出了经济增长的可能驱动力，但具体研究仍较为少见，已有相关研究也大多以中国为研究对象。而国内有关农地城市流转与经济增长关系的研究则多为宏观层面的探讨，主要包括以下三类：（1）两者的时空变化趋势和相关关系的数理分析；（2）经济增长对农地城市流转驱动力大小的量化；（3）农地城市流转对经济增长贡献率的测度。尽管也有一些国内研究从微观层面对农地城市流转的驱动因子进行探讨，但受微观数据获取困难等因素的影响，研究并不深入。且笔者认为在我国土地公有制度和土地一级市场政府垄断的国情下，宏观层面的探讨更具现实意义。尺度效应对于土地利用/覆被变化相关研究的重要性已得到国内外学术界的广泛认可，国外已有不少学者从土地利用/覆被变化驱动机制方面着手于此类研究，具体包括两类：
(1) 通过分别构建不同空间尺度下的驱动机制模型，然后对比各模型间的差异来提示空间尺度效应的影响；（2）通过多层建模技术构建同时集成各尺度因子和相互作用的驱动模型来揭示。在我国尽管也有不少学者指出了尺度效应对于土地利用/覆被变化相关研究的重要性，但大多是在一些评述性的文章中，真正将其引入土地利用/覆被变化相关研究的则较少。农地城市流转是土地利用/覆被变化的重要组成部分，将空间尺度效应引入农地城市流转与经济增长的相关研究可以更好地揭示两者的关系。

第三章

农地城市流转与经济增长的理论基础

第一节　相关概念的界定

一　农地城市流转

农地城市流转是指在城市发展过程中，随着城市规模的扩大，城市土地需求量增加，城市土地需求者通过经济或行政的手段将城市附近的农村土地转变为城市土地，以满足城市土地需求的过程。它是城乡交互作用的必然结果（张安录，1999），本质是土地资源的重新配置和土地收益的再分配过程。它与农地非农化和耕地非农化的概念既有相似之处，但又不尽相同，为避免出现概念混淆，将三者的关系简要分析如下：（1）农地非农化是指土地从农业用途向非农业用途的转变，与农地城市流转一样，它强调的是农用地的转用，但两者所指向的转用方向却不尽相同。农地城市流转的转用方向仅为城市建设用地；而农地非农化的转用方向不仅包括城市建设用地，还包括农村集体建设用地及其他土地等。（2）耕地非农化是指土地从耕地用途向非农业用途的转变，它将转变前的土地用途局限为耕地，将园地、林地等其他农业用途的土地排除在外，转用的方向与农地非农化一致，并不局限于城市建设用地，还包括农村集体建设用地和其他土地等（图3—1）。

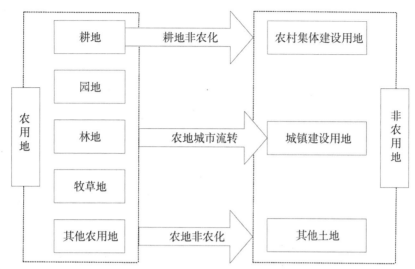

图 3—1　农地城市流转、农地非农化与耕地非农化的差异

农地城市流转包括三个方面的内容：一是土地利用方式的改变，由农用地变为城市建设用地；二是土地权属性质的改变，所有权性质由农村集体所有变为国家所有，使用权性质由家庭承包经营权变为国有土地使用权；三是区域生态景观的变化，由农业生态景观变为城市景观。就我国当前农地城市流转的情况来看，流转方式可分为合法和非法两种。所谓合法的农地城市流转即指国家基于公共利益的考虑，由地方政府出面通过征收的方式将农村集体土地收归国有，并通过公开招标、拍卖和挂牌的方式提供给用地方，从而实现农地城市流转的过程。而非法的农地城市流转即指农村集体经济组织在利益的驱动下，直接与用地方达成"协议"，在不经过政府的情况下实施的农地城市流转。

二　经济增长

经济增长通常是指一个国家或地区国民经济总量和人均量在一段较长时间内的增加，即经济规模在数量上的扩大，强调经济发展的中长期趋势，而非短期现象；重点在于区域生产能力的长期增长，而不单纯是生产总量的增加。萨缪尔森将经济增长定义为"一个国家潜在的国民产量或潜在实际国民产量的扩展，是生产可能边缘随时间的外推"；刘易斯将经济增长定义为"按人口平均的产出的增加"；库兹涅茨则将经济增长定义为"其给居民提供种类日益繁多的经济产品能力的长期上升，并认为这种能力的长期上升以技术进步及其所要求的制度和意识形态调整为基础"。经济增长有别于经济发展，后者比前者的定义更为严格，它不仅包括经济增长，还包括经济结构和社会制度的改善等。本书限于经济增长的范畴，不涉及经济发展的相关内容。

经济增长的度量方面，早期重农主义认为农业才是财富和社会收入的源泉，是国民财富增长的根本，一国的经济增长由其农业收成的多寡来决定；而重商主义者则认为一国财富的多寡应由其贵金属存量和贸易净产值为标准，金银货币是财富的唯一形态，而对外贸易则是财富增长的唯一源泉。在现代研究中，经济增长的度量通常采用国内经济生产总值进行，所谓国内生产总值即指一国在一年内生产的所有商品和服务的价值总和，它既可以以一国的产出价值计算，也可以等价于以工资、租金、利息和利润形式表现的一国总收入。

三　尺度与尺度效应

尺度最初是一个生态学概念，意为研究对象或现象在时间或空间上的量度，分别称为时间尺度和空间尺度，在景观生态学中，尺度往往以粒度和幅度来表达（邬建国，2000）。在土地利用/覆被的相关研究中，尺度被定义为"在测量和研究与土地相关的事物及其过程时所限定的时间和/或空间范围"（陈启佑和何英彬，2005）。土地利用/覆被相关研究中时间尺度是指土地利用方式变化（如农用地流转为城市建设用地）发生的时间；空间尺度是指土地利用方式发生变化的空间范围。空间尺度的划分方面，目前有多种不同的处理方法，具体主要分为以下几类：（1）定性地将空间尺度划分为全球尺度、国家尺度、地区尺度和局地尺度，这通常出现在一些定性研究中，少见定量研究。（2）按行政组织结构进行划分。以我国为例，全国共有34个省级行政单位，各省级行政单位下设地（市）级行政单位，地（市）下设县（区）级行政单位，县（区）下设乡（镇、街道）单位，如湖北省武汉市洪山区九峰乡等。按行政组织结构进行空间尺度划分具有明显的空间结构等级，且现有社会经济统计数据是按行政单位收集的，这样划分更易将空间组织结构与社会经济结构统一起来，简化社会经济数据收集过程。（3）按栅格尺度进行人为划分。这类研究通常都基于遥感影像数据进行，通过人为设定一种规模尺度标准，将研究区域空间进行人为划分。这类划分方法与按行政组织结构的划分方法相比由于能确保每个空间基本结构单元的面积一致，从而更具对比性。但其在社会经济数据的利用方面缺乏现有资料可借鉴，需要通过实地调研的方式重新收集。

尺度效应（scale effect）是指当改变空间数据的尺度或粒度（分辨率）大小时，分析结果也随之变化的现象，它与尺度推演或尺度转换的概念是相通的（邬建国，2000；郭志达等，2003）。农地城市流转与经济增长的尺度效应即指两者关系随尺度不同而发生的变化，具体包括两个方面的内容：一是农地城市流转和经济增长在不同时期或社会发展阶段（时间尺度）的相互作用关系差异，以及上一时间尺度农地城市流转和经济增长情况对下一时间尺度两者关系的影响；二是不同地区（空间尺度）农地城市流转和经济增长间相互作用关系的差别，以及某一空间尺度因子对其他空间尺度农地城市流转与经济增长相互作用机制和作用力的影响。

第二节　理论基础

一　经济增长理论

（一）马克思经济增长理论

马克思的《资本论》在分析社会再生产条件时将社会总产品按实物构成分为生产资料（Ⅰ）和消费资料（Ⅱ）两大部类；按价值构成分为生产过程中转移的生产资料的价值（不变资本，c）、购买劳动力的资本价值（可变资本，v）和资本家无偿占有的剩余价值（m）。认为，当Ⅰ（v+m）=Ⅱ（c）时，即生产生产资料的第一部类的资本家和工人对消费资料的需求在价值上等于生产消费资料的第二部类资本家对生产资料的需求时，资本不会发生积累，但生产会以不变的规模持续进行下去，即社会简单再生产实现。

当资本家并不将全部剩余价值拿来进行消费，而是将其中的一部分用于追加生产资料，那么，假定Δc、Δv和α分别表示追加的不变资本、可变资本和积累率。当Ⅰ［v+Δv +（1-α）m］=Ⅱ（c+Δc），即第一部类原有可变资本价值、追加的可变资本价值与本部类资本家用于个人消费的剩余价值之和等于第二部类原有的不变资本价值与追加的不变资本价值之和时，社会资本扩大再生产，实现经济增长。

1952年，美国经济学家多马首度认可了马克思社会资本再生产理论对经济增长理论的贡献，在其《经济增长理论》一书中指出"增长模型……可以追溯到马克思"。1988年英国克鲁姆·赫尔姆公司出版的《卡尔·马克思经济学》一书中也承认了"马克思增长理论"的存在，认为马克思的扩大再生产理论实质上讨论的就是经济增长问题。

（二）古典经济增长理论

对古典经济增长理论的研究以亚当·斯密、大卫·李嘉图和托马斯·马尔萨斯等为代表，他们的研究以国民财富增加和经济增长为核心，强调生产要素投入的作用，并由此提出了系统的价值理论和分配理论，但并未将有关经济增长的相关理论模型化。1776年，斯密出版《国民财富的性质及其原因的研究》（即《国富论》）一书，探讨如何能够使"国民财富"增加到尽可能的大，并将"国民财富"定义为"一国土地和劳动年生产物的可交换价值"。尽管有一些学者认为经济增长理论最早可追溯至马克思的"扩大再生产理论"，但现代经济学界的普遍观点，仍将亚当·斯密的《国富论》看作第一个系统的经济增长理论。在斯密看来，一国所生产的商品的总量即为其国民财富，而劳动是国民财富增加的唯一源泉。他还将劳动分为生产性劳动（可产生附加价值的劳动，如农业、工业等）和非生产性劳动（不能产生附加价值的劳动，如仆婢、艺术家、公务员、医生等）两类，认为只有生产性劳动才能创造财富，带来经济增长，非生产性劳动只会消耗财富，无益于经济增长。斯密认为国民财富增加，即经济增长的路径有两条：一是增加生产性劳动者的数量；二是提升生产性劳动者的生产力，即提高劳动效率，其中，以提高劳动效率的方式更为有效。劳动效率的提升取决于社会分工程度和资本积累，社会分工的细化可以使劳动者更专注于某一项具体工作，增加熟练程度，提升单位劳动的产出量，减少因工作转换而造成的损失，从而提升整体劳动生产率；而资本的积累会带来工资的增加，引发人口规模的扩大。人口的增加一方面会带来劳动人口数量的增加，另一方面会引发产品需求量的提升，从而刺激社会分工的进一步细化，提高劳动生产率。他同时还指出了自由竞争市场对经济增长的积极作用，认为经济增长所需的各项因素（劳动力、资本和生产率等）均可通过市场的作用获得，无须政府干预。斯密对经济增长前景持乐观态度，认为只要人均产出的增长大于人均消费的增加，增长过程就可以持续进行下去。

继斯密《国富论》之后，以李嘉图、马尔萨斯等为代表的后期古典经济学家从收入分配的角度出发，提出了新的经济增长理论。认为经济增长是资本积累的结果，资本的积累则取决于利润的高低，而利润则由工资和地租共同决定。根据李嘉图等人的经济增长理论：（1）土地数量的有限性决定了其农作物生产能力的有限性，当农作物需求随着人口规模的扩大而增加时，必然导致生产向禀赋条件较低的土地上扩展，这意味着土地投入的增加和产出增加额的减少，即边际收益递减的产生；（2）食物产量的增长将限制人口的增长，而实际工资将在维持劳动力在原有数量下再生产所必要的生存工资水平上下波动，因此，从长期来看，工资是保持不变的；（3）土地是除劳动力以外最重要的生产要素，地租会随着土地资源稀缺度的上升而上升，当土地资源的使用达到极限时，地租达到最大，利润下降为零，资本积累的动机不复存在，经济增长停止。李嘉图等古典经济学家对经济增长持悲观态度，认为在收益递减规律的作用下，经济增长趋势最终将趋于停止。

（三）新古典经济增长理论

在李嘉图之后的 100 多年里，主流经济学家的研究主要集中于探讨各种不同的价值和分配理论，有关经济增长理论的研究几乎被放弃。1939 年，英国经济学家哈罗德发表了《关于动态理论的一篇论文》，并于 1948 年出版了《走向动态经济学》一书，在研究中，他将凯恩斯的短期宏观经济分析长期化，从储蓄和投资的角度对经济增长进行了分析，提出了第一个经济增长理论模型。哈罗德认为投资才是经济增长的原动力，投资的增加会刺激有效需求的增加，创造更高的生产能力和国民收入，而投资则来源于储蓄。同期（1946—1947），美国经济学家多马在其两篇关于经济增长的论文中，也提出了类似的经济增长模型，因此这一模型被称为哈罗德—多马模型。模型假定：（1）资本—产出比；（2）资本—劳动比不变；（3）生产函数具有固定技术系数，即不存在技术进步；（4）外生的劳动力增长率不变。模型引入四个外生变量，即储蓄率（s）、资本—产出比（v）、劳动力增长率（n）和技术进步速度（p）。模型的最终形式为：$g=\frac{s}{v}$，即认为决定一国经济增长的最主要因素为决定全社会投资水平的储蓄率和反映生产效率的资本—产出比率。由于哈罗德—多马模型中的假设条件太多，且认为各生产要素的比例固定不变，与现实不符，此外，其也无法解决 20 世纪 70 年代主要发达资本主义国家的经济"滞胀"现象，因此并未得到广泛的重视。哈罗德—多马模型并不属于新古典经济增长理论范畴，但它是现代经济增长理论模型化研究的开端，正是由于它的提出才使得有关经济增长理论的研究重新回到了主流经济学家的视野，被称为新古典经济增长理论模型的索洛—斯旺模型正是在此基础上发展得到的。

1956 年，罗伯特·索洛发表论文《关于经济增长理论的一篇论文》，论文指出哈罗德—多马模型中的均衡增长具有"刀刃"性质，即在模型中很难出现长期经济增长，"有保证的增长率"也不具有均衡的稳定性，经济不仅不能自行纠正实际增长率和有保证的增长率之间的偏离，反而有可能造成这种偏离的累积性增大。而造成"刀刃"现象出现的原因则在于其有关于固定技术系数生产函数假设，在这一假设条件下资本和劳动力不存在相互替代的可能，而从长期来看，资本和劳动常常是可以相互替代的。索洛放松了这一假定，认为资本和劳动要素间是可以相互替代的，并引入了技术进步因子。模型假定：（1）总量生产函数像 C-D 生产函数那样具有新古典性质；（2）整个经济时刻中，劳动和资本要素都处于供求均衡状态；（3）各种生产要素的实际报酬都被调整到劳动和资本都充分就业的水平；（4）机会均等，各国间不存在技术壁垒，无技术条件差别。模型的基本形式为：$Y=A(t)F(K,L)$，索洛模型中，经济增长取决于资本积累、劳动力投入和技术进步，由于各投入要素符合边际收益递减规律，因此从长期来看，经济增长只能依赖于技术进步，而技术进步是时间 t 的函数。当外生的技术进步变量以固定比率增长时，经济增长将在平衡增长路径上持续进行；而当外生的技术进步变量保持不变，即技术进步没有发生时，长期的经济增长终将走向停滞。外生技术变量的引入，成功解决了哈罗德—多马模型的"刀刃"问题，使得现实中的经济长期增长现象得以解释，受到了学术界的广泛关注和热捧。由于同年斯旺也发表了与索洛内容相类似的论文，因此模型被命名为"索洛—斯旺"模型。

索洛—斯旺模型的提出对于经济增长理论的研究具有重要意义，美国经济学家戴维·罗默在其《高级宏观经济学》一书中就索洛—斯旺经济增长模型进行了高度评价，认为"索洛—斯旺模型几乎是所有增长问题研究的出发点，那些根本不同于索洛—斯旺模型的理论也通常需要在与索洛—斯旺模型的比较中获得最好的理解"。然而，模型也存在一些固有局限：（1）模型中，经济长期增长完全取决于技术进步，而技术进步仅与时间 t 相关，这显然与实际情况不符；（2）在模型"机会均等"的假定下，世界各国的经济增长应无甚差异，无法解释实际中世界各国间的经济发展差异问题。此外，模型将经济增长归结于外生的技术进步，虽然解决了"刀刃"问题，但其认为技术进步仅与时间变量有关，无法对技术进步的产生原因和机理进行解释。

1955—1956 年，英国新剑桥学派经济学家卡尔多从收入分配角度出发提出了哈罗德—多马模型"刀刃"问题的解决方案，即通过可变储蓄率假设对哈罗德—多马模型进行修正。模型将整个社会经济中的储蓄分为来自工资收入的储蓄和来自利润收入的储蓄两个部分，这样，整个经济中的储蓄率为工资收入储蓄率和利润收入储蓄率的加权平均数，而其权重由利润收入占总产出的比例决定。在这一数理情况下，只要利润占总产出的比重由整个模型内生决定，整个经济中的储蓄率就由整个经济增长模型内生决定。然而，这一内生化过程具有一个缺陷，即它需要假定外生给定的工资收入平均储蓄倾向和利润收入平均储蓄倾向，因此，并没有将储蓄率完全内生化。1928年，拉姆齐采用数学模型论证了在最优消费行为下一国储蓄所需满足的条件，但由于当时数学分析工具的限制，这一有关最优储蓄的数学模型一直未能融入经济增长模型之中。直到1965年，卡斯和库普曼才分别发表论文，将拉姆齐的最优储蓄数学模型融入新古典经济增长理论模型中，构建了分析最优跨期消费行为的动态最优化模型，实现了新古典经济增长模型中储蓄率的完全内生化，因此动态最优化模型也被称为"拉姆齐—卡斯—库普曼"模型。然而，储蓄率的内生并没有消除新古典经济增长模型中长期经济增长取决于外生技术进步的固有局限。

新古典经济增长理论的研究有三个基本结论：一是在长期稳定状态，产出的增长是由劳动力增长率和劳动生产率增长率所决定的，与储蓄和投资相对于GDP的比例无关；二是人均收入水平与储蓄—投资比率呈正向关系，与人口增长比率呈反向关系；三是在一定条件下，具有很少人均资本的穷国比拥有较多人均资本的富国增长快，从而导致人均收入和生活水平在全世界的趋同。新古典经济增长模型奠定了以后经济增长相关研究的基础，由于其存在经济增长由外生变量决定的缺陷，之后的研究几乎都是围绕新古典经济增长模型外生变量的内生化进行的。

（四）新经济增长理论

1962年，阿罗发表《干中学的经济含义》一文，提出了干中学模型，首次尝试将外生的技术进步变量内生化，认为技术进步是投资的副产品，可以用总资本代表知识的存量；知识属于公共产品，具有"溢出效应"，不仅进行投资的厂商可以在生产中积累生产经验，提高生产效率，其他未投资的厂商也可以通过学习先进厂商的经验提高生产效率。因此，尽管单一生产函数具有规模报酬不变的性质，但从社会角度来看，其生产函数具有规模报酬递增的性质，增长是内生的。模型的社会总量生产函数形式为：$Y = F (K, AL)$，其中，$A = K^\mu$，$0 < \mu < 1$。模型的均衡增长条件为 $n/ (1-\mu)$，长期的经济增长率仍主要由外生的人口或劳动力的自然增长率决定，未实现技术进步变量的完全内生化，且若人口或劳动力负增长，则无经济增长，甚至会出现经济衰减，与实际情况不符。尽管"干中学"经济增长模型仍未完全解决外生技术变量内生化的问题，但其作为第一个内生增长理论模型，为新古典经济增长模型外生变量的内生化提供了思路，促进了新经济增长理论的产生（朱勇，1999；潘士远和史晋川，2002）。1965 年，宇泽弘文（Uzawa）发表《经济增长总量模式中的最优技术变化》一文，文中认为技术进步源于教育部门，社会把一定的资源配置到教育部门后会产生新知识，而新知识会提高生产率并被物质生产部门无偿获取，进而提高生产部门的技术水平（王立宏，2007）。研究还构建了一个两部门经济增长模型，并假定人力资本的生产函数具有线性性质，通过不递减的人力资本生产部门要素边际收益抵消物质生产部门递减的要素边际收益，保证经济持续增长。宇泽弘文关于技术进步源于教育部门的尝试为后来新经济增长理论的相关研究提供了重要基础。

新经济增长理论是指 20 世纪 80 年代中后期后出现的一些经济增长理论，它们以将新古典经济增长理论中外生的技术进步（全要素生产率）内生化为目标，因此又被称为"内生增长模型"，主要代表人物有保罗·罗默和罗伯特·卢卡斯等。1986 年，罗默发表《收益递增与长期增长》一文，对阿罗的研究进一步深化，认为技术进步是知识累积的结果，知识累积才是长期经济增长的原动力。罗默还将社会各部门分为消费品生产部门和研究与开发部门，而知识累积主要发生在研究与开发部门中，因此，研究与开发才是经济增长的源泉。他同时假定：（1）研究与开发的投入具有天然的外部性，因为知识是不可能完全保密的；（2）研究和开发部门的产出情况符合边际递减规律，这使得经济增长的速度不可能太快（李启增，1994）。罗默以厂商为研究对象构建的生产函数形式为：$Y_i = F(k_i, K, x_i)$。其中，Y_i 为厂商 i 的产出水平；k_i 为厂商 i 生产某产品的专业化知识；K 为全社会的现有技术水平（$K = \sum_{i=1}^{n} k_i$，n 为厂商总数）；x_i 为厂商 i 的物资和劳动资本投入总和。模型将知识分为厂商自身的专业知识和一般知识两类，前者为厂商带来内部增长动力；而后者作用于全社会所有厂商，带来社会总体生产水平的增长。在罗默看来，知识作为一种内生的独立因素，不仅可以保障单个厂商的收益递增，也可以保障全社会的收益递增，从而为经济长期增长提供保障（王鹏，2006）。卢卡斯（1988）继承了宇泽弘文用人力资本解释经济增长的思路，但他并没有像宇泽弘文一样将生产部门划分为物质生产部门和教育部门两大部类，而是假定每个生产者都将一部分时间用于从事实物生产，而将另一部分用于自身技能的提升。一方面，个人通过自身技能的提升（人力资本的增加）可为其自身带来经济收益的增加；另一方面，由于知识具有外部性，使得个人人力资本的提升会引发社会其他生产者个体人力资本的提升，最终提高全社会的平均生产率，实现长期经济增长。

二　生产要素理论

生产要素理论者认为，生产要素是物质资料生产所必须具备的基本因素或条件，经济活动的实质是以最小的生产要素消耗获得最大的收益，但单一生产要素并不能形成生产力，现实生活中的生产活动是多种生产要素相互结合的产物。人类对于生产要素的认识是随着社会经济的发展而不断完善的，工业革命以前，农业是主要产业部门，此时土地和劳动力被认为是主要生产要素；工业革命后，工业逐步取代农业成为主要产业部门，机器设备、能源等生产要素的作用逐步凸显；20世纪40年代后，随着新科技革命的兴起，知识、信息、技术等成为更主要的生产要素。随着生产要素的逐步细化，生产要素理论也由最初的二元、三元论发展成了四元、六元、多元论。

（一）生产要素二元论

1662年，"政治经济学之父"威廉·配第在《赋税论》一书中指出，"劳动是财富之父，土地是财富之母"，虽然其未明确提出"生产要素二元论"，但已含二元论的观点。1964年，奥地利经济学家巴维克在其《资本实证论》一书中进一步认可了"生产要素二元论"，认为任何其他生产要素归根结底都是自然和劳动两大生产要素相互作用的结果，并不能称之为真正的生产要素；认为一些经济学家将资本作为独立生产要素的根本原因是为了合理化利息。

（二）生产要素三元论

1776年，古典经济学奠基人亚当·斯密在其《国富论》一书中指出："无论在什么社会，商品价格归根到底都可分解成为劳动、资本和土地三个部分。"他在书中肯定了配第关于财富来源于土地的观点，但更强调资本和劳动对其的作用。1803年，古典经济学家萨伊在《政治经济学概论》一书中首次对生产要素理论进行了系统阐述，认为"生产出来的价值都可归因于劳动、资本和自然力这三者的作用与协力，其中以能耕种的土地为最重要因素，除此之外，没有任何因素能生产价值或能扩大人类的财富"。19世纪中叶，德国旧历史学派的代表人物威廉·罗雪尔对三大生产要素的相对作用进行了排序，认为"三要素对生产一般都是必要的，但一般在低级的文化阶段，自然的要素占支配地位；到了中等阶段，人类劳动抬头；而到了高级的文化阶段，资本要素则会占据更主要的地位"。英国经济学家西尼尔也将生产要素分为三类，但在划分上与斯密等人不同，在他看来，生产的三要素应为土地、劳动和节制，资本是这三类要素共同作用的结果。节制是指一种人类行为，即将一些可供其自由使用的生产要素有计划地用于将来而不是眼前生产的一种行为。

（三）生产要素四元论、六元论和多元论

1890年，英国经济学家阿尔弗雷德·马歇尔在《经济学原理》一书中，将生产要素分为土地、劳动、资本和组织四类，提出了生产要素四元论。在对组织要素进行阐述时，他更偏向于强调资本家对企业的监督和管理，因此，其在研究中也将组织要素称为"企业家才能"要素或管理要素。之后有一些学者在马歇尔生产要素四元论的基础上，把其纳入资本要素的知识单独提出来，称之为技术要素，并追加了信息要素，提出了包含劳动、土地、资本、组织、技术和信息六大要素的生产要素六元论。我国学者徐寿波也提出了"生产要素六元论"，认为生产是人力、财力、物力、运力、自然力和时力六个要素共同作用的结果。之后也有不少学者在研究中对生产要素进行了进一步细分，将基础设施、材料、知识等作为单独的生产要素，提出了生产要素多元论。

从生产要素理论的发展来看，无论对生产要素的划分如何变化，作为最基本生产要素和其他生产要素与社会生产活动载体的土地均在其中。土地自然供给的有限性决定了其供应总量的不变性，但其在不同土地用途间的分配则是可以改变的。土地资源在某一类用途上的投入产出符合边际递减定律。以土地在非农建设的投入来说，一开始，随着非农建设用地投入量的增加，社会产出水平明显上升，但若一直不断投入非农建设用地则其带来的边际产出将逐渐递减，甚至成为社会产出水平增加的阻碍。因此，合理控制土地在不同用途间的分配以及土地与其他生产要素间的组合才能获取最大的产出效益，促进社会经济水平的整体提升。

第四章

农地城市流转与经济增长关系

第一节 农地城市流转与经济增长的相互作用

一 经济增长对农地城市流转的驱动

经济增长主要来源于要素投入和要素使用率的提升，我国大部分地区的经济增长尚处于依靠要素投入的阶段（沈坤荣，1999）。将经济增长中的投入要素分为土地要素和非土地要素（如资本、劳动、技术等）两类，在一定的技术水平下，两类要素通过一定的组合就可形成该经济水平下的产出，当一类要素减少时，就必须增加另一类要素的投入，才能保证总产出不变，这些产出水平相同条件下两类要素投入量的不同组合所构成的曲线即为等产出曲线（图4—1）。

图4—1中，初始产出水平为l，两类要素的配置水平在A点，此时土地要素和非土地要素的投入量分别为L_1和Y_1。当经济增长时，等产量曲线由l移动至l'，此时，如果保持土地要素投入不变，则需将非土地要素投入由Y_1增加至Y_3，即在B点上进行两类要素的投入；如果保持非土地要素投入不变，则需将土地要素投入由L_1增加至L_3，即在D点上进行两类要素的投入；现实中两类要素往往是同时发生变动的，即在C点上进行要素投入，此时土地要素投入量由L_1增加至L_2，非土地要素投入量由Y_1增加至Y_2。

在经济增长初期，由于国家缺乏足够的资金进行资本、劳动和技术等非土地要素投入，不得不通过大量投入土地要素来进行弥补，此时 C 点距离 D 点较近；而随着经济综合实力的提升，对非土地要素投入的能力增加，土地资源因其有限性，价格越来越高，经济增长将更倾向于通过增加非土地要素投入来实现，C 点将逐渐向 B 点移动。

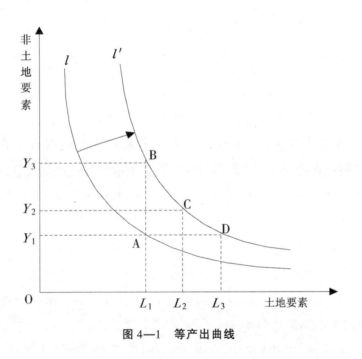

图 4—1   等产出曲线

我国的经济增长主要表现为非农产业产值的增加。1978—2012 年，我国国内生产总值增加额为 515677.79 亿元，其中，51349.47 亿元来自于第一产业，占总增加值的 9.96%，余下 464328.32 亿元来自于第二、第三产业，占 90.04%。由此可见，经济增长中所引发的土地要素需求主要表现为对非农用地的需求。在经济起步阶段，资本等其他非土地投入要素的价格相对土地要素较高，为保障经济增长，需要大量土地要素，尤其是非农业用地的投入，从而引发大规模农地城市流转。随着经济实力的提升和土地稀缺性的显现，土地要素的相对价格迅速提升，经济增长将更倾向于通过增加非土地要素投入量而非土地要素投入量获得，农地城市流转速度将有所放缓。当前，我国大部分地区的经济增长还处于主要依靠要素投入的阶段，经济增长过程中的农地城市流转不可避免。此外，由于农用地的非市场价值尚未得到人们充分的认识，也并未体现在土地价格当中，这进一步降低了土地要素的获得成本，通过土地要素投入获取经济增长的偏好增加，进一步加剧农地城市流转。

二　农地城市流转对经济增长的贡献

农地城市流转会带来农用地规模的减少和城市建设用地规模的增加，而城市建设用地的利用效率普遍高于农用地，因此农地城市流转实际上意味着土地利用整体效率的提高，从而提升整体产出水平，促进经济增长。由于土地并不直接参与非农业生产，而是作为生产活动的空间载体为其提供必需的场所，因此农地城市流转并不会直接作用于经济增长，而是通过刺激资本投入要素的增加间接作用于经济增长，即城市建设用地扩张会刺激投资的增加，而投资的增加会带来全社会资本存量的提升，进而作用于经济增长。投资包括数量和质量两方面的内容，农地城市流转所刺激的投资数量和质量变化共同决定了其对经济增长的作用。所谓投资数量即为我们通常所说的投资完成额，表现为全社会资本存量的增加；而投资质量则指这些投资中所内含的技术水平，投资质量越高则说明其所内含的技术水平越高，对于未来社会的再生产能力贡献越大，表现为全社会资本产出效率的提升。若农地城市流转同时带来了投资数量和质量的提升，则农地城市流转会极大地促进经济增长；但若农地城市流转仅带来了投资数量的增加，而投资质量非但没有改善甚至反而低于之前的水平，即投资缺乏技术进步或动态效率的改进机制，则会带来资本产出比率的上升和经济增长可持续性的降低。在资本产出比率上升的情况下，若要维持现有经济增长水平，需要越来越高的投资增长率，这样的经济增长将是不可持续的，若不能保证足够的投资额，农地城市流转将非但不能有效促进经济增长，甚至可能会给经济增长带来负向影响。

第二节　武汉城市圈农地城市流转与经济增长的时空变化

一　农地城市流转规模的时空变化

一般来说，农地城市流转具有不可逆性，因此，农地城市流转规模不可能出现负值，即城市建设用地总是呈扩张态势。2007—2011年，武汉城市圈城市建设用地总规模由601329.33公顷增加至645111.42公顷，增幅为7.28%，年均增长率为1.77%。从城市建设用地规模变化曲线的斜率来看，城市圈城市建设用地扩张呈加速态势（图4—2）。本年度的城市建设用地规模等于上年度城市建设用地规模与本年度农地城市流转规模之和，因此本年度的农地城市流转规模更能反映城市建设用地扩张趋势。从城市圈年度农地城市流转规模的变化情况来看，除2010年的流转规模与2009年度相比略有下降外，其他年度都呈持续上升态势，即农用地加速向城市建设用地流转。2007年的农地城市流转规模为3834.31公顷，而2011年的年度农地城市流转规模则达到了13706.57公顷，五年间扩大了3.57倍，这与武汉城市圈新成立不久，各项建设大规模推进的实际情况相吻合。

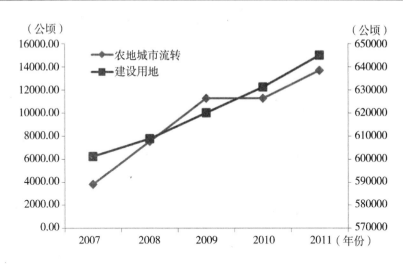

图4—2　武汉城市圈农地城市流转与城市建设用地规模变化（2007—2011）

采用城市建设用地年均扩张率来表示农地城市流转速度，具体计算式见式4—1。城市圈内各县（市、区）在2007—2011年的城市建设用地面积变化、农地城市流转规模及农地城市流转速度情况见表4—1。

$$v_{cl} = \sqrt[(2011-2007)]{F_{2011} / F_{2007}} - 1 \qquad 式4—1$$

式4—1中，v_{cl}为农地城市流转速度，即城市建设用地年平均扩张率；F_{2011}为2011年的城市建设用地面积；F_{2007}为2007年的城市建设用地面积。

从市域尺度来看，农地城市流转速度最快的是武汉市，城市建设用地由2007年的148273.71公顷增加至2011年的169653.04公顷，五年间的累计农地城市流转规模为21379.33公顷[①]，城市建设用地年均扩张率为3.42%；其次为鄂州市，城市建设用地面积由18559.01公顷增加至20595.25公顷，累计农

____

① 城市建设用地面积为年末面积；累计农地城市流转规模为2007—2011年历年的农地城市流转面积加总。因此，五年累计农地城市流转面积要大于2011年城市建设用地面积与2007年城市建设用地面积之差。

地城市流转面积为 2036.24 公顷，城市建设用地年均扩张率为 2.64%；第三为咸宁市，城市建设用地面积由 64572.93 公顷增加至 69017.23 公顷，累计农地城市流转规模为 4444.31 公顷，城市建设用地年均扩张率为 1.68%；流转速度最慢的是天门市，城市建设用地面积由 29674.11 公顷增加至 30351.85 公顷，累计农地城市流转规模为 677.74 公顷，城市建设用地年均扩张率为 0.57%，流转最快市与最慢市的农地城市流转速度相差 5 倍。城市圈城市建设用地扩张速度在市域尺度上空间不均衡，各市间的农地城市流转速度差别较大。

表 4—1　2007—2011 年武汉城市圈各县（市、区）城市建设用地与农地城市流转情况

县（市、区）		城市建设用地面积（公顷）		农地城市流转	
		2007	2011	总规模（公顷）	速度（%）
武汉市	主城区	40453.61	46855.55	6401.94	3.74
	东西湖区	10554.78	12090.59	1535.81	3.45
	汉南区	3693.19	4706.61	1013.42	6.25
	蔡甸区	19152.20	21705.22	2553.02	3.18
	江夏区	27439.81	32756.93	5317.12	4.53
	黄陂区	28935.15	31133.50	2198.35	1.85
	新洲区	18044.97	20404.64	2359.68	3.12
	小计	148273.71	169653.04	21379.33	3.42
黄石市	黄石港区	1539.63	1644.65	105.01	1.66
	西塞山区	2568.73	2661.86	93.13	0.89
	下陆区	2472.20	2613.02	140.82	1.39
	铁山区	1644.08	1684.83	40.75	0.61
	大冶市	18743.25	20696.09	1952.84	2.51
	阳新县	19488.35	20248.40	760.05	0.96
	小计	46456.24	49548.85	3092.60	1.62

续表

县（市、区）		城市建设用地面积（公顷）		农地城市流转	
		2007	2011	总规模（公顷）	速度（%）
鄂州市	梁子湖区	3319.83	3520.85	201.03	1.48
	华容区	5641.77	6665.70	1023.93	4.26
	鄂城区	9597.41	10408.70	811.29	2.05
	小计	18559.01	20595.25	2036.24	2.64
孝感市	孝南区	14849.85	16599.57	1749.72	2.82
	孝昌县	11518.07	12033.04	514.97	1.10
	大悟县	12084.07	12300.27	216.20	0.44
	云梦县	8153.55	8703.93	550.38	1.65
	应城市	13547.38	14129.74	582.36	1.06
	安陆市	15531.36	16082.02	550.66	0.87
	汉川市	19273.12	20173.25	900.13	1.15
	小计	94957.40	100021.82	5064.42	1.31
黄冈市	黄州区	6482.13	7796.15	1314.01	4.72
	团风县	10438.46	10705.47	267.01	0.63
	红安县	12981.39	13236.61	255.22	0.49
	罗田县	13452.99	13950.40	497.41	0.91
	英山县	9349.50	9446.42	96.92	0.26
	浠水县	18264.61	18683.13	418.52	0.57
	蕲春县	21703.51	22150.05	446.54	0.51
	黄梅县	17951.27	18368.45	417.18	0.58
	麻城市	24777.09	25253.08	475.99	0.48
	武穴市	12575.71	13130.79	555.08	1.09
	小计	147976.66	152720.55	4743.88	0.79

县（市、区）		城市建设用地面积（公顷）		农地城市流转	
		2007	2011	总规模（公顷）	速度（%）
咸宁市	咸安区	10796.30	13000.55	2204.25	4.75
	嘉鱼县	10547.41	11186.65	639.25	1.48
	通城县	7362.57	7643.33	280.77	0.94
	崇阳县	8213.44	8653.88	440.44	1.31
	通山县	11491.84	11825.37	333.53	0.72
	赤壁市	16161.37	16707.44	546.07	0.83
	小计	64572.93	69017.23	4444.31	1.68
仙桃市		29664.77	30714.41	1049.63	0.87
潜江市		21194.51	22488.43	1293.93	1.49
天门市		29674.11	30351.85	677.74	0.57

从县域尺度来看，农地城市流转速度最快的是武汉市汉南区，城市建设用地面积由 2007 年的 3693.19 公顷增加至 2011 年的 4706.61 公顷，五年间的累计城市流转规模为 1013.42 公顷，城市建设用地年均扩张率为 6.25%；其次为咸宁市咸安区，城市建设用地面积由 10796.30 公顷增加至 13000.55 公顷，累计农地城市流转规模为 2204.25 公顷，城市建设用地年均扩张率为 4.75%；第三为武汉市江夏区，城市建设用地面积由 27439.81 公顷增加至 32756.93 公顷，五年间的累计城市流转规模为 5317.12 公顷，城市建设用地年均扩张率为 4.53%；流转速度最慢的是黄冈市英山县，城市建设用地面积由 9349.50 公顷增加至 9446.42 公顷，累计农地城市流转规模为 96.92 公顷，城市建设用地年均扩张率为 0.26%，流转最快市与最慢市的农地城市流转速度相差 23 倍多。农地城市流转速度在县尺度上的空间不均衡较之市域尺度更为明显。

为更好地说明武汉城市圈农地城市流转速度在空间分布上的

差异，本书以县域尺度单位为基本单元，农地城市流转速度为指标，参考土地分等定级的方法，将城市圈 42 个县域单元按农地城市流转速度进行定级处理（图 4—3），等级间距采用式 4—2 计算得到。

$$D = (Max\, v_{cl} - Min\, v_{cl})/K \qquad\qquad 式 4—2$$

式 4—2 中，D 为等级间距；$Max v_{cl}$ 为县域农地城市流转速度最大值；$Min v_{cl}$ 为县域农地城市流转速度最小值；K 为等级数，参考一般大城市开展土地分等定级时的土地级数目确定一般经验，本书取 7。

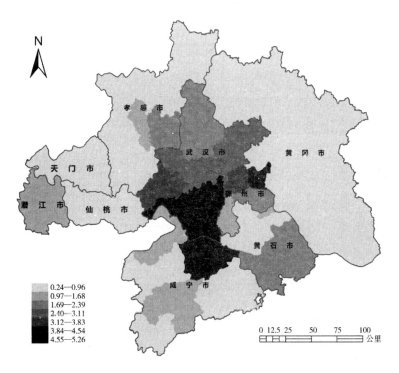

图 4—3 武汉城市圈农地城市流转速度空间差异

图 4—3 显示，武汉城市圈农地城市流转速度最快的地区集中于武汉市及与其相邻的县（市、区），总体表现为距武汉市越近，

农地城市流转速度越快，距离越远，农地城市流转速度越慢。若以武汉市为中心，其南北向的农地城市流转速度较快，而东西向较慢。

二　经济增长的时空变化

国内生产总值（GDP）是本书所选定的经济增长衡量指标，它是指在既定时期内，一国所生产的全部最终产品和服务的价值，既包括生产的商品的价值，如房子、光盘等，也包括服务的价值，如飞机的运载飞行、经济学家的演讲等。由于统计年鉴中所提供的GDP 数值均为名义变量，故在分析前首先采用居民消费价格指数（CPI）将其调整为实际变量，具体折算方法见式4—3。

$$GDP_{t实际} = GDP_{t名义} \times P_t \qquad\qquad 式4—3$$

式4—3 中，$GDP_{t实际}$为 t 年份的实际 GDP 水平；$GDP_{t名义}$为 t 年份的名义 GDP 水平；P_t为将 t 年份名义 GDP 折算为实际 GDP 的折算系数。本书未考虑各地区价格水平的差异，统一采用湖北省居民消费价格指数测算折算系数，折算基期为 2007 年，计算结果见表4—2。

表4—2　湖北省居民消费价格总指数与折算系数（2003—2011）

年份	价格指数 （以 2007 年为 100）	折算系数	年份	价格指数 （以 2007 年为 100）	折算系数
2003	87.01	1.15	2008	106.30	0.94
2004	91.27	1.10	2009	105.87	0.94
2005	93.92	1.06	2010	108.95	0.92
2006	95.42	1.05	2011	115.26	0.87
2007	100	1.00			

2007—2011 年，武汉城市圈生产总值由 5556.74 亿元增加至10296.29 亿元，增幅为 85.29%，年均增长率为 16.67%。从图

4—4 中的变化趋势来看，城市圈的经济增长态势较为平稳，年度增长率并没有明显的变化。

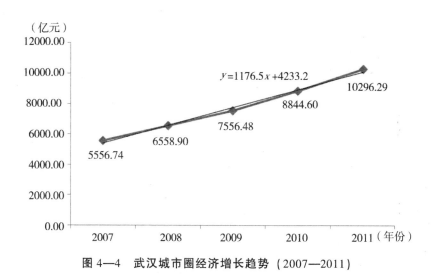

图 4—4　武汉城市圈经济增长趋势（2007—2011）

　　参照计算城市建设用地扩张速度的方法，按式 4—4 计算年均经济增长速度。城市圈各县（市、区）2007—2011 年的生产总值水平及年均经济增长速度见表 4—3。

$$v_{GDP} = \sqrt[(2011-2007)]{GDP_{2011} / GDP_{2007}} - 1 \qquad 式 4—4$$

　　式 4—4 中，V_{GDP} 为经济增长速度；GDP_{2011} 为 2011 年的生产总值水平；GDP_{2007} 为 2007 年的生产总值水平。

　　从市域尺度来看，生产总值增量绝对值最大的是武汉市，由 2007 年的 3141.51 亿元增加至 2011 年的 5866.71 亿元，增加了 2725.20 亿元；而其他八市 2007—2011 年的生产总值增量绝对值之和仅为 2014.35 亿元，武汉市经济增长是城市圈经济增长的主要来源。从市域年均经济增长速度来看，2007—2011 年，经济增长最快的是潜江市，年均经济增长率为 20.31%；其次是鄂州市，年均增长率为 19.66%；第三为咸宁市，年均增长率为 18.51%；最慢的是天门市，年均增长率仅为 11.98%。

表4—3 2007—2011年武汉城市圈各县（市、区）经济增长情况

县（市、区）		生产总值（亿元）		年均增长率（%）
		2007	2011	
武汉市	主城区	2350.21	4063.28	14.67
	东西湖区	144.75	329.34	22.82
	汉南区	40.83	81.11	18.72
	蔡甸区	106.78	242.31	22.74
	江夏区	171.97	439.74	26.46
	黄陂区	173.19	357.96	19.90
	新洲区	153.78	352.97	23.09
	小计	3141.51	5866.71	16.90
黄石市	黄石港区	65.07	101.96	11.89
	西塞山区	82.01	136.71	13.63
	下陆区	65.96	137.90	20.25
	铁山区	16.46	31.09	17.23
	大冶市	151.86	274.78	15.98
	阳新县	85.33	120.90	9.10
	小计	466.69	803.34	14.54
鄂州市	梁子湖区	12.95	33.80	27.11
	华容区	47.31	128.32	28.33
	鄂城区	148.45	265.84	15.68
	小计	208.71	427.96	19.66
孝感市	孝南区	60.50	104.04	14.51
	孝昌县	36.68	67.27	16.37
	大悟县	48.22	73.31	11.04
	云梦县	68.27	119.86	15.11
	应城市	77.97	139.51	15.66
	安陆市	57.34	99.44	14.75
	汉川市	131.80	227.86	14.67
	小计	480.78	831.29	14.67

续表

县（市、区）		生产总值（亿元）		年均增长率（%）
		2007	2011	
黄冈市	黄州区	55.99	96.54	14.59
	团风县	21.00	42.88	19.54
	红安县	38.94	71.26	16.31
	罗田县	34.82	63.17	16.06
	英山县	25.55	45.10	15.27
	浠水县	58.79	108.00	16.42
	蕲春县	57.47	111.87	18.12
	黄梅县	53.61	93.99	15.07
	麻城市	63.72	135.71	20.81
	武穴市	63.86	138.18	21.28
	小计	473.75	906.70	17.62
咸宁市	咸安区	79.78	134.25	13.89
	嘉鱼县	45.20	106.34	23.85
	通城县	28.91	62.21	21.12
	崇阳县	32.39	56.85	15.10
	通山县	25.57	47.37	16.66
	赤壁市	74.96	158.65	20.61
	小计	286.81	565.67	18.51
仙桃市		190.40	328.34	14.59
潜江市		156.63	328.13	20.31
天门市		151.48	238.17	11.98

从县域尺度来看，经济增长速度最快的是鄂州市华容区，生产总值水平由2007年的47.31亿元增加至2011年的128.32亿元，年均增长率为28.33%；其次为鄂州市梁子湖区，生产总值水平由2007年的12.95亿元增加至2011年的33.80亿元，年均增长率为27.11%；第三为武汉市江夏区，生产总值水平由2007年的171.97亿元增加至2011年的439.74亿元，

年均增长率为 26.46%；经济增长速度最慢的是黄石市阳新县，生产总值水平由 2007 年的 85.33 亿元增加至 2011 年的 120.90 亿元，年均增长率为 9.10%。无论是在市域还是县域尺度上，城市圈经济增长速度的空间差异都要大大低于农地城市流转速度的空间差异。

以县域尺度单位为基本单元、经济增长速度为指标，采用与绘制农地城市流转速度空间差异图相同的方法，将城市圈各县域单元按经济增长速度进行分级，绘制经济增长速度的空间差异图（图 4—5）。等级间距的计算式如下。

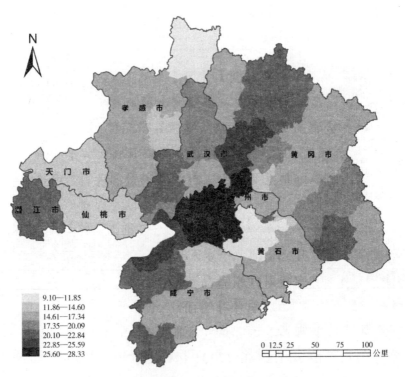

图 4—5　武汉城市圈经济增长速度空间差异

$$D = (\mathrm{Max} v_{GDP} - \mathrm{Min} v_{GDP})/K \qquad 式 4—5$$

式4—5中，D 为等级间距；$\text{Max}v_{GDP}$ 为县域经济增长速度最大值；$\text{Min}v_{GDP}$ 为县域经济增长速度最小值；K 为等级数，与上节一样，取7。

图4—5显示，城市圈各县（市、区）的经济增长速度虽也存在空间差异，但并不像农地城市流转速度的空间差异那么明显。经济增长速度最快的地区为潜江市、武汉市远城区及与其相邻的个别县（市、区）。大部分经济增长较快的县（市、区）与大部分经济增长较慢的县（市、区）相比，与武汉市的距离较近。整体来看，若以武汉市为中心，其西南和东北方向的县（市、区）具有相对较高的经济增长率，而西北和东南方向县（市、区）的经济增长速度则相对较低。

三　农地城市流转与经济增长时空变化对比

武汉城市圈各县（市、区）的农地城市流转速度与其经济增长速度分布虽不完全一致，但都表现出了距武汉市越近速度越快的趋势。且若以武汉市为中心，能明显发现分布在其纵向的各县（市、区）流转或经济增长速度明显高于分布在其横向的各县（市、区）。从各速度分布的空间差异来看，县域农地城市流转速度在城市圈内具有更大的空间差异，不同县（市、区）内的农地城市流转速度相差明显，流转速度较快的地区集中于武汉市及与其相邻市的主城区；经济增长速度在空间上差异则相对较小，各县（市、区）间虽也存在经济增长速度的差别，但大多数县（市、区）都处于一个相对中间的增长水平上。对比图4—3和图4—5，可以看出，尽管两者在分布上不尽相同，但存在相当的重合度，表明两者可能存在某种关联，第一节中的理论分析也表明了两者间理论上的相互作用关系，因此有必要对两者关系进行进一步检验。

第三节　实证分析：武汉城市圈农地城市流转与经济增长关系检验

武汉城市圈成立后的数据只有五年期，时间序列长度不足以满足分析的要求，因此在检验农地城市流转与经济增长关系时将时间序列向前延伸至了2003年，即延伸至城市圈建设构想提出之时。

一　研究方法

本节基于武汉城市圈农地城市流转和经济增长水平的时间序列数据，以误差修正模型和脉冲响应分析为手段，对两者的短期波动和长期均衡关系进行了分析，具体步骤如下：（1）对两组时间序列数据进行单位根（ADF）检验，判断其序列平稳性；（2）采用Engle-Granger两步法检验两组序列的协整关系，即是两组变量间是否存在长期均衡，如存在，进一步构建误差修正模型，分析其短期波动与长期均衡的关系；（3）构建变量自回归模型（VAR），并进行脉冲响应分析，量化农地城市流转与经济增长相互效应的大小及效应随时间的变化过程。本章所需的相关统计分析采用Eviews 5.0进行。

二　指标的选取与数据来源

本书以武汉城市圈历年新增建设用地占农用地的数量和生产总值水平作为对城市圈农地城市流转规模和经济增长的衡量指标，城市圈整体指标数据由圈内九市指标指数加总得到。其中，2003—2007年城市圈各市的新增建设用地占农用地的数量据历年土地变更调查数据计算得到；2008—2011年各市的新增建设用地占农用地的数据来自国土部门历年的新增建设用地审批台账。历年的生产总值水平采自《湖北省统计年鉴》（2004—2012），并据表4—2统一折算至2007年的价格水平。2003—2011年的武汉城市圈农地城市流转规模与经济增长水平见表4—4。

表4—4　武汉城市圈农地城市流转规模与经济增长水平（2003—2011）

年份	农地城市流转规模（公顷）	GDP（亿元）
2003	2226.78	3787.93
2004	2851.20	4169.92
2005	1053.70	4258.81
2006	5629.09	4820.21
2007	3834.31	5556.74
2008	7549.28	6558.90
2009	11264.25	7556.48
2010	11261.99	8844.60
2011	13706.57	10294.21

三　计量结果分析

（一）平稳性检验

对武汉城市圈2003—2011年的农地城市流转规模（CLD）和经济增长水平（GDP）序列数据进行单位根（ADF）检验，检验结果见表4—5。由检验结果可以看出，CLD和GDP原序列均未通过检验，序列非平稳；但其一阶差分数据都通过了检验，序列平稳。CLD和GDP都为一阶单整序列，即CLD～I（1），GDP～I（1）。

表4—5　武汉城市圈农地城市流转规模与经济增长水平序列ADF检验结果

变量	检验形式 （C，T，K）	ADF值	显著水平			结论
			1%	5%	10%	
CLD	（C，T，0）	-2.822	-5.835	-4.247	-3.590	不平稳

续表

变量	检验形式 （C，T，K）	ADF 值	显著水平			结论
			1%	5%	10%	
ΔCLD	（C，0，0）	-4.177	-4.803	-3.403	-2.842	平稳
GDP	（C，T，0）	0.038	-5.835	-4.247	-3.590	不平稳
ΔGDP	（C，0，0）	-5.956	-6.292	-4.450	-3.701	平稳

（二）协整关系检验

时间序列数据不平稳可能会导致"伪回归"的出现，但若序列存在协整关系，则可有效避免"伪回归"的产生。CLD 和 GDP 序列虽非平稳序列，但为同阶单整序列，故进一步采用 Engle - Granger 两步法对其协整关系进行检验。

首先，对 CLD 和 GDP 进行 OLS 回归，建立回归方程如下：

$$CLD_t = -5313.214 + 1.919GDP_t + ecm_t \qquad 式4—6$$

$$t = （-3.7486）^{***}（8.8950）^{***}$$

$$R^2 = 0.92，F = 79.12，DW = 2.87$$

式4—6中，ecm_t 为模型残差序列。

其次，检验 ecm_t 的平稳性。

令 $ecm_t = CLD_t + 5313.214 + 1.919 \times GDP_t$，对 ecm_t 作 ADF 检验，检验结果见表4—6。由检验结果可以看出，ecm_t 不存在单位根，为平稳序列，即序列 CLD 和 GDP 存在协整关系。这表明武汉城市圈农地城市流转规模与经济增长水平间存在长期均衡关系。

表4—6　　　武汉城市圈农地城市流转规模与经济增长
水平协整方程残差序列 ADF 检验结果

变量	检验形式 （C，T，K）	ADF 值	显著水平			结论
			1%	5%	10%	
ecm_t	（C，T，0）	-3.748	-5.836	-4.247	-3.590	平稳

（三）误差修正模型分析

协整关系检验只能证明武汉城市圈 CLD 与 GDP 的长期均衡关系，但并不能解释其短期波动关系。为考察城市圈 CLD 与 GDP 间短期波动与长期均衡的关系，构建误差修正模型（EMC）进一步分析。

1. 因变量为 CLD 的误差修正模型

$\Delta CLD_t = -537.261 + 2.597\Delta GDP_t - 1.510ecm_{t-1}$ 式 4—7

$t = (-0.5037)(8.8950)^*(-3.8377)^{**}$

$R^2 = 0.78$, $F = 8.86^{**}$, $DW = 2.41$

其中，$ecm_{t-1} = CLD_{t-1} + 5313.214 - 1.919 \times GDP_{t-1}$。

式 4—7 中，除常数项外的其他回归系数 t 检验在 10% 显著性水平下显著；模型 F 检验在 5% 显著性水平下显著；DW 值在 2 附近，模型残差无自相关，模型整体拟合效果较好。ΔGDP_t 项的系数为正，说明短期经济发展会推动农地城市流转的进行，误差修正项 ecm_{t-1} 的系数为负，符合反向修复机制；式 4—6 中 GDP_t 项系数也为正，表示尽管无论是从短期波动还是长期趋势来看，经济发展都会推动农地城市流转；ecm_{t-1} 系数表明农地城市流转与经济增长长期均衡关系对农地城市流转规模短期波动的调整作用较强。

2. 因变量为 GDP 的误差修正模型

由于前文并未建立以 GDP 为因变量的 CLD 和 GDP 一般回归模型，故在构建因变量为 GDP 的误差修正模型前，先构建以 GDP 为因变量、CLD 为自变量的一般回归模型如下：

$GDP_t = 3047.496 + 0.479CLD_t + vecm_t$ 式 4—8

令 $vecm_{t-1} = GDP_{t-1} - 3047.496 - 0.479 \times GLP_{t-1}$，构建以 GDP 为因变量的误差修正模型如下：

$\Delta GDP_t = 540.850 + 0.162\Delta CLD_t - 0.467vecm_{t-1}$ 式 4—9

$t = (2.0601)^*(1.3601)(-0.9908)$

$R^2 = 0.27$，$F = 0.94$，$DW = 0.74$

式 4—8 中 CLD_t 项和式 4—9 中 ΔCLD_t 项的系数均为正，表明无论从短期波动还是长期均衡来看，农地城市流转都对经济增长具有正向贡献；误差修正项 $vecm_{t-1}$ 系数为负，符合反向修复机制；农地城市流转与经济增长长期均衡关系对经济增长短期波动的调整作用不如对农地城市流转短期波动的调整作用强。

进一步对比式 4—6 至式 4—9 发现，无论是从短期还是长期来看，经济增长都会推动农地城市流转的发生，而农地城市流转也会贡献于经济增长，但前者的作用要大于后者；误差修正模型均符合反向修复机制，表明农地城市流转与经济增长的长期效应要大于短期效应。

（四）脉冲响应函数分析

脉冲响应函数分析用于描述一个内生变量对由误差项所带来冲击的反应，即在随机误差项上施加一个标准差大小的冲击后，对内生变量的当期值和未来值所产生的影响程度，以把握系统内生变量的相互影响过程。本节采用脉冲响应函数分析研究武汉城市圈农地城市流转与经济增长的相互冲击和响应过程。构建变量的向量自回归模型（VAR）是进行脉冲响应函数分析的前提，由于研究样本的数据量为 9，据 AIC 和 SC 准则，VAR 的最大滞后期不能超过 2，通过模拟，最终确定为 VAR（2）模型，模型模拟结果见表 4—7，相应的脉冲响应函数分析曲线图见图 4—6。

表 4—7　　　　　武汉城市圈农地城市流转数量与
经济增长水平 VAR（2）参数估计

变量	CLD	GDP
CLD（-1）	-1.264（-1.954）	-0.048（-0.378）
CLD（-2）	-1.198（-1.721）	-0.049（-0.358）
GDP（-1）	3.897（0.897）	1.313（1.546）

续表

变量	CLD	GDP
GDP（-2）	4.308（0.794）	0.145（0.137）
C	-24358.96（-2.649）	-1218.102（-0.678）
R-squared	0.9576	0.9930
Log likelihood		-101.280
AIC		31.794
Schwarz criterion		31.717

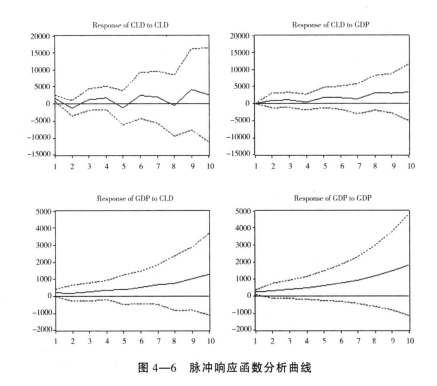

图4—6　脉冲响应函数分析曲线

　　由图4—6可以看出，当CLD和GDP各自受到其自身一个标准差单位的冲击后，反应不尽相同。CLD对其自身标准差新息的响应呈波动态势，在第1期具有一个较高的正响应，第2期衰减为负响应，3—4期回到正响应，第5期下降为负响应，6—7期为正响应，第 8 期又回到负响应，9—10 期又重回正响应，表明武汉城市圈农地城市流转规模与其滞后值的关联度并不强烈，本期农地城市流转规模的增加并不一定会带来下期流转规模的缩减，而本期流转规模的缩减也不一定会带来下期的大幅农地城市流转。GDP 对其自身标准差新息的冲击产生了持续的正向响应，且呈增加趋势，但幅度并不大，表明随着社会经济水平的提升，经济增长对其自身的冲击作用会不断增强。在 GDP 一个标准差的冲击下，CLD 具有持续的正响应，且响应幅度在波动中有所增强，在第 8 期达到峰值并稳定在这一较高水平，表明随着经济的发展，武汉城市圈经济增长对城市建设占用农地的压力将越来越大。在 CLD 一个标准差的冲击下，GDP 具有持续正响应，且响应幅度持续增加，但响应幅度总体仍停留在一个较低水平，表明武汉城市圈农地城市流转对经济增长的贡献率有所增长，城镇土地利用效率有所提升，但其冲击幅度仍远低于经济增长对农地城市流转的冲击，可见农地城市流转对经济增长的影响不如经济增长对农地城市流转的影响大，尽管随着时间的推移城市圈的城镇土地利用效率可能较之成立之初有所提升，但其对经济增长的作用仍相对有限。

四　实证分析结论与讨论

（1）武汉城市圈农地城市流转与经济增长间存在长期均衡关系。从长期来看，经济增长会推动农地城市流转，农地城市流转也会贡献于经济增长，农地城市流转作为经济增长的一种代价性损失，在武汉城市圈的发展过程中是不可避免的。

（2）武汉城市圈农地城市流转与经济增长间还存在短期动态关系，但其短期效应不如长期效应显著。农地城市流转和经济增长的误差修正系数均符合反向修正机制，表明两者间的长期均衡关系对其短期波动的调整作用明显。

（3）无论是从短期波动还是长期均衡来看，武汉城市圈农地城市流转对经济增长的影响都要大大弱于经济增长对农地城市流转的影响，表明农地城市流转对经济增长的贡献是有限的，盲目农地城市流转并不能带来与我们期望相符合的经济增长，在经济增长过程中应理性地推动农地城市流转。

第四节　本章小结

本章从理论上分析了农地城市流转与经济增长间的相互作用机制，并以武汉城市圈为例，在对其农地城市流转和经济增长时空过程和变化速率空间差异分析的基础上，通过城市圈农地城市流转和经济增长时间序列数据单位根检验和协整关系检验对两者间的长期均衡关系进行了判断，并进一步构建误差修正模型，基于脉冲响应分析对两者间的短期波动和响应过程进行了描述。研究结果显示：武汉城市圈农地城市流转与经济增长间既存在长期均衡也存在短期波动关系，短期波动服从于长期均衡态势；农地城市流转对经济增长的贡献作用大大弱于经济增长对农地城市流转的驱动作用，农地城市流转对经济增长的贡献有限，一味推进农地城市流转并不能带来经济的持续增长。

第五章

经济增长对农地城市流转的
驱动作用及其尺度效应

第一节 农地城市流转经济驱动机制

农地城市流转是社会经济因素和自然环境因素共同作用的结果，而自然环境因素的差异往往能通过社会经济条件表现出来，因此，农地城市流转从本质上来说是社会经济环境变化所引致的结果（曲福田等，2005）。在市场经济中，土地价格由供求关系决定，而土地市场价格的变动即为各用地类型间竞租能力的变化，农用地和城市用地的竞租能力决定了土地资源在两者间的配置，从而引发农用地和城市建设用地间的流转。土地商品的特殊性，决定了其较之一般资源会受到更多的政策限制，各项政策的出台对于各类土地资源供给和需求的刺激和约束作用明显，尤其我国是一个土地公有制国家，土地一级市场由政府垄断。本书同意曲福田等（2005）对农地非农化经济驱动机制的定义，认为农地城市流转驱动机制是指推动和约束农地城市流转行为的一切力量的总称，包括供给影响因素、需求影响因素和制度影响因素三个部分。供求因素的相互作用决定了农地城市流转的过程；制度因素通过约束和激励供给和需求的变化间接影响农地城市流转过程（图5—1）。供给影响因素即影响土地所有者（在我国为政府）

供给意愿的因素，主要包括农用地资源禀赋、土地利用比较收益/城乡居民收入差距、农地流转收益分配和粮食安全等；需求影响因素即引致城市建设用地需求的因素，主要包括人口、经济发展和城镇化/工业化进程推进等；制度因素即会对农地城市流转供给和需求产生影响的各项政策制度，主要包括农地保护政策、土地产权制度、土地利用规划制度等。

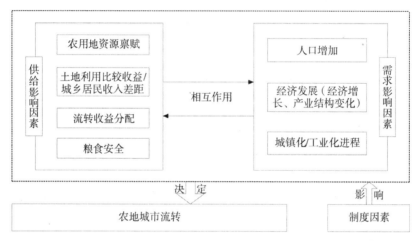

图 5—1　农地城市流转驱动机制

一　农地城市流转供给因素

（一）农用地资源禀赋与农地城市流转

土地资源的自然供给是经济供给的基础，农用地是城市用地自然供给的主要来源，因此，区域农用地资源的多寡在很大程度上决定了该地区的农地城市流转规模。所谓农用地资源禀赋即指农用地的数量、质量及空间分布。区域内的农用地资源越丰富，则农用地资源的稀缺程度越低，人地关系也越缓和，在农地城市流转过程中所遭遇的阻力也就越小。城市用地对土地的肥沃程度没有要求，因此，农用地质量中的肥沃程度对农地城市流转几乎没有影响，但其地理条件，如气温、降水和海拔等则会对其产生一定的影响。一般来说，地理条件相对较好的地区开发建设难度相比于地理条件复杂地区要小一些，建设成本也相应更低，在建成后也更具吸引力，因此，地理条件相对较好的地区更易发生农地城市流转。农用地的位置也会对农地城市流转的速度和程度产生影响（Alvin and Nicolai，2000），一般来说，距离现有城市较近的农用地相较于较远的农用地而言，开发建设成本更低，与现有城市的通勤距离更短，各项基础设施的建设也更易与现有城市基础设施融合，会优先发生农地城市流转，这与各国社会经济发展过程中流转农地在地域上集中于城乡生态经济交错区的实际相吻合。

（二）土地利用比较收益/城乡居民收入差距与农地城市流转

土地自然供给的有限性和不同土地利用方式间的竞争性和替代性，迫使人们不得不将效率作为土地资源在各部门进行分配的依据。在市场机制的驱动下，土地资源利用具有从收益较低利用方式向收益较高利用方式进行转变以获取更高经济收益的主观意向，这也使农用地比较收益低下被普遍认为是我国农地城市流转主要根源（张安录，1998；蔡运龙，2001）的原因。一般而言，非农业用地较之农用地而言在人、财、物利用上能够实现更具规模效益的优化组合，从而产生更大的资源利用效益。据吴传钧和郭焕成（1994）的测算，城乡工矿用地的生产效率分别是耕地、林地和牧草地生产效率的 37 倍、447 倍和 668 倍，且这一差距还存在扩大的趋势（曲福田等，2005）。日益扩大的城乡土地利用比较收益带来了越来越大的城乡土地价格剪刀差，土地农用的机会成本持续上升，在城市"拉力"和农村"推力"的共同作用下，农地城市流转产生。

城乡居民收入差距的存在也是农地城市流转城市"拉力"和农村"推力"产生的原因。20 世纪 90 年代以来，我国城乡居民收入差距一直呈上升趋势，官方公布的统计数据显示，1990—2012 年，我国城乡居民收入比率由 2.20 上升至了 3.10。官方统计数据中并未考虑城乡间的生活费用差异和各类隐形补贴，如农村居民自有住房租金、城镇居民所享有的实物性补贴和社会保障、城乡居民生活费用指数差异等，若将其全部纳入城乡居民收入估算中，城乡居民收入的差距还将进一步扩大（李实和罗楚亮，2007）。日益加大的城乡居民收入差距使得大量农民（尤其是青壮年劳动力）流向城市，让农地闲置或由留守老人耕种，这会进一步加大城市"拉力"和农村"推力"，从而促进农地城市流转。城乡居民收入差距在一定程度上也是由于土地利用比较收益造成的，因此，两者在对农地城市流转的作用方面，可能存在一定的重合。

（三）流转收益分配与农地城市流转

农地城市流转过程中产生的直接收益主要包括土地出让金、各项税费、流转地区经济发展所带来的税收和就业机会等，主要在中央政府、地方政府和农民间进行分配。由于各权利主体在农地城市流转行为中的话语权和行为目标不尽相同，分配比例的变动对其的影响也不尽一致，不同的收益分配比例最终会对农地城市流转的过程和速度产生影响。中央政府所关注的是国家综合实力的提升和社会公共福利的最大化，农地城市流转直接收益对于中央政府决策不会产生太大的影响。地方政府关注的是本地区的经济发展和竞争力提升，而农地城市流转能为地方政府带来土地出让金、各种税费收入的增加，区域经济的发展以及就业机会的增多。此外，财政分税制度改革后，土地出让收益已成为不少地区财政收入的主要来源，部分地区的土地有偿使用费占地方财政收入的比例已高达25%—50%，少数城市在个别时期甚至达到80%（吴次方和谭永忠，2007）。因此，农地城市流转直接收益会直接影响地方政府的决策。作为农地城市流转中最微观主体的个人，关注的是自身经济收益，农地城市流转能为其带来一次性相对较高的经济收入，但同时也剥夺了其未来通过农业生产获取经济收益的权利，农地流转直接收益的高低及其对未来可获得经济收益的估计将共同决定农民的流转意愿。然而，在实际收益分配中，农民在关于收益分配的讨论中并没有话语权，农地城市流转直接收益仅会影响农民的满意度。流转收益在地方政府的分配比例对农地城市流转行为的影响最大，而当前农地城市流转的主要收益又归于地方政府所有，有学者在对典型地区农地城市流转收益流向进行分析后发现，农地城市流转所产生的纯收益中，中央政府占比为 20.56%，地方政府占比为 63.79%，农民占比为 15.66%（曲福田等，2005）。从农地城市流转的过程来看，地方政府是农用地征收行为的计划和实施者、国有土地产权的实际控制者和农地城市流转行为的监督者，因此，流转收益的分配，尤其是流转收益分配给地方政府的比例将会显著影响农地城市流转行为，比例越大的地区，农地城市流转发生的可能性越大。

（四）粮食安全与农地城市流转

粮食安全即指任何人在任何时候为了生存和健康而产生的食品需求都能得到满足，它与国计民生和社会稳定息息相关。粮食安全的保障无外乎两种途径：一是确保自身的粮食供给能力，即确保能满足自身粮食需求的耕地资源的数量与质量；二是粮食进口（蔡运龙，2000）。在当前世界粮食安全状况堪忧的情况下，实现粮食需求基本自给才是确保粮食安全的正确选择，这就要求我们必须保有一定数量和质量的耕地资源。在技术和其他经济要素不变的情况下，耕地资源的数量直接决定了粮食生产能力，"地之不存，粮将焉出"。据测算，仅 1997—2004 年，全国因耕地面积减少而引发的粮食减产就高达 2700.63 万吨（朱红波，2006）。耕地资源质量决定了其粮食单产水平，在总数量一定的情况下，单产水平的高低决定了总产量的大小，我国高、中、低产田粮食单产的平均比例为 3.68∶2.61∶1，也就是说，若损失了 1 亩高产田，那么则需补充 1.41 亩中产田或 3.68 亩的低产田，才能保证整体粮食产出水平的稳定。在保障耕地资源数量动态平衡的基础上加大对高产农田的保护是确保粮食综合生产能力的关键（傅泽强等，2001）。耕地资源是发生城市流转农用地的主要构成部分，且最先发生流转的往往还是城镇、村庄周围或主要交通沿线的优质农田，农地城市流转对粮食安全的威胁巨大，在粮食安全被广泛关注的今天，保障粮食安全水平的需求也会对农地城市流转决策起到一定的抑制作用。

二　农地城市流转需求因素

（一）人口与农地城市流转

人口增长是农地城市流转发生的主要驱动力之一。一方面，人口的增加会加大对粮食作物的需求，从而引发对农业用地的需求；另一方面，人口的增长需要更多的工作岗位和住宅，从而导致产业用地和住宅用地需求量的增加，并间接导致对交通、卫生、文化教育以及公共设施等城市用地需求的上升，城乡用地矛盾加剧。土地自然供给的有限性加之城镇用地内部挖潜能力有限，人口增长所引发的非农建设用地需求大部分只能通过对城镇周边农地的占用获得，尽管保障粮食供给的客观需求对城镇非农建设用地扩张具有一定的抑制作用，但整体仍呈现较强的驱动作用。美国学者唐纳德·J.博格在对美国1929—1954年的农地城市流转和城镇人口增加进行研究后认为，城市人口每增加1人将会带来0.26英亩（约合0.105公顷）的农地城市流转；据张安录和杨钢桥（1998）基于美国普查局和《美国人口普查报告》整理得到的1950—1970年美国城市化区域的土地扩张与人口增长数据可计算得到，1950—1970年美国人口数量每增加1人会带来0.45英亩（约合0.183公顷）的农地城市流转（仅包括全美248个大的城市化区域，一些小的城镇侵占农地未包括在内）。中国学者孟向京（2001）等人通过测算后也发现，1986—2002年，东、中、西部地区每增加 1 人所引发的非农建设占地规模分别为 0.0118 公顷、0.0098 公顷和 0.0095 公顷。

（二）经济发展与农地城市流转

经济发展包括两方面的内容：一是现有经济规模的扩大，即经济增长；二是经济结构的改变和产业结构的升级，两者共同作用于农地城市流转。经济规模的扩大会刺激投资和消费的增加，生产规模扩张，从而引致更大的非农用地需求，刺激农地城市流转。产业结构的升级会加大第二、第三产业所占的比重，使得非农业用地需求占用地总需求的比重加大，刺激农地城市流转（图5—2）。

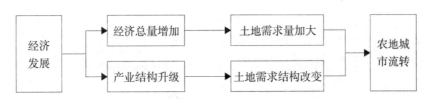

图5—2　经济发展引致农地城市流转需求

1. 经济增长引发农地城市流转

经济增长必然会带来生产规模的扩大，而土地是生产生活活动不可或缺的空间载体，因而生产规模的扩大即意味着土地需求量的增加，必然会引发农地城市流转。经济增长对农地城市流转的驱动作用符合边际递减规律，在经济增长初期，经济增长主要来源于要素投入，而土地作为三大生产要素之一，在这一过程中的需求量将会急剧增加。考虑到城市建设用地的比较收益普遍高于农用地，这些被激发的土地需求主要表现为对城市建设用地的需求，从而引发农地城市流转。土地资源自然供给的有限性和粮食安全的需求决定了其不可能被永远无限制地投入，当社会经济发展到一定的水平之后，经济增长的主要动力将来源于科技进步和非农业部门内部分工的细化，尽管土地作为非农业生产活动的载体，仍不可避免地会被驱动从农用地向城市建设用地流转，但驱动力将会逐渐减弱。

2. 产业结构升级引致农地城市流转

据配第—克拉克定理，随着经济的发展，产业结构将逐步升级，即第二、第三产业在国民经济中的比重日益增加，而第一产业的比重则会逐步减少（陈秀山和张可云，2003）。我国"八五"至"十一五"期间的经济发展过程也印证了这一点（表5—1）。产业结构在一定程度上体现了土地资源在各产业、各部门间的分配，第二、第三产业占比的增加会带来非农业用地资源占土地资源总规模比例的加大，从而引发农地城市流转。此外，不同产业结构对区位选址要求的差异也会对农地城市流转的空间分布产生影响。

表5—1　　我国"八五"至"十一五"期间产业结构变化

	生产总值（亿元）	第一产业占比（%）	第二产业占比（%）	第三产业占比（%）
"八五"	193030.49	20.66	45.79	33.55
"九五"	423443.52	17.24	46.52	36.25
"十五"	710626.32	13.16	46.06	40.77
"十一五"	1538190.03	10.54	47.04	42.42

（三）城镇化水平与农地城市流转

城市化或城镇化（Urbanization）是指第二、第三产业在城市集聚，农村人口不断向非农产业和城市转移，城市数量增加、规模扩大，城市生产方式和生活方式向农村扩散，城市物质文明和精神文明向农村普及的经济、社会发展过程（简新华和黄锟，2010）。农业人口向城市的转移会带来城市用地需求的增加，城市数量和规模的扩大更是会直接带来城市用地的扩张，世界各国城镇化的发展经验也显示，农地城市流转的发生在时间上高度集中于城镇化的高峰期（张安录和杨钢桥，1998；简新华和张国胜，2006）。城镇化对农地城市流转的推动作用在其不同发展阶段是不尽相同的，一般来说，在城镇化发展初期，城市建设以外延扩张为主，城市规模和面积不断扩大，农用地加速向城市流转；而当城镇化进入后期时，城镇化的速度会降低，城市的建设更倾向于内部土地利用集约度的提升，而不是一味扩张，农地城市流转速度降低并最终趋于停止，土地在农用地和城市用地间的分配格局趋于稳定。湖北省统计局公布的数据显示，武汉城市圈2007年和2011年的城镇化率分别为43.62%和51.66%，城镇化发展仍处于传统"诺瑟姆"曲线的加速阶段，未来城镇化加速发展过程中的农地城市流转不可避免。

三　农地城市流转制度因素

由于农地利用具有较强的外部经济性，世界各国都将农地城市流转调控作为重要的公共政策，而这种政策干预必将影响到农地城市流转过程。张安录（1999）就在其研究中指出，我国的土地征收制度、土地规划制度、土地保护制度在相当程度上激化了城乡生态经济交错区的农地城市流转。曲福田等（2005）则认为政府管制、土地市场化配置和土地产权制度是影响农地非农化的主要制度因素。本书认为影响农地城市流转的制度因素主要为土地产权制度、农地保护制度和官员政绩考核机制。

土地产权即指有关土地财产的一切权利的总和，包括土地所有权、土地使用权、土地租赁权、土地抵押权、土地继承权和地役权等（陆红生等，2002）。为制度化土地产权关系而制定的一系列土地产权设置、确定、界定、行使和保护规则即为土地产权制度（叶艳妹和吴次芳，1997）。我国实行国有和集体土地"二元化"的土地产权制度，城镇土地属于国家全民所有，郊区和农村土地属农村集体所有，将农用地转为城市建设用地的唯一途径即为国家对集体所有土地的征收。尽管《土地管理法》中明确规定国家为公共利益需要而进行土地征收和征用时必须给予补偿，但在实际农用地征收的过程中，由于地方政府集土地征收行为决策者、实施者、补偿规范制定者和征收行为监管者的身份于一身，征地费用往往较低，"低价征收、高价出让"、"低价征收、低价出让、吸引外资"的现象普遍。较低的征收成本，使得土地非农需求得不到抑制，引发农用地大规模城市流转。造成这一切的根本原因在于我国土地产权制度的缺失，正是由于农村集体土地所有权主体不明，所有权主体名义上是农村集体经济组织，但实际上基本处于缺失状态，而作为农村土地实际使用者的农民个体在土地征收过程中的话语权又相当有限，且出于"搭便车"的心理并不愿付出太多，农村集体土地所有权对土地征收行为的制约作用被大大削弱。

"人多地少"的基本国情决定了农用地保护，尤其是耕地保护在我国的重要性，为此我国实行了世界上最严格的耕地保护制度，包括土地用途管制制度，农用地转用审批制度，基本农田保护制度，土地征收审批制度，非农建设占用耕地审批制度，占用耕地补偿制度，土地开发、复垦和整理制度等。按理说，更严格的保护制度意味着更高的农地城市流转成本，应该能很好地抑制农地城市流转，但实际实施的结果却不尽理想。以基本农田保护制度和耕地占补平衡制度为例，由于缺乏明确的基本农田界定标准和对基本农田保护区内农民相应的补偿机制，各级政府在基本农田划定的过程中普遍存在"划劣不划优"和"划远不划近"的现象。耕地占补平衡政策的实施情况也类似，尽管在数量上实现了占补平衡，但普遍"占优补劣"，补充耕地的质量和相关农业配套设施状况严重低于被占用耕地，粮食产出能力降低，耕地资源变相减少。

此外，由于我国各级地方政府官员的任期一般为3—4年，且对其任期内政绩的考核以经济指标为主，政绩考核的结果直接关系到官员的政治生命，与其他有限理性经济人一样，他会选择做使自己效用最大化的事情，急功近利，重视区域的短期发展、忽视长远规划。与城镇内部挖潜相比，外延式的城镇发展方式所需的政府投入相对较小且更易在短期内凸显政绩，因此不少地方政府的领导都热衷于推动城市新区和经济技术开发区等的建设，这也是促使农地城市流转的一项重要原因。

第二节　不同空间尺度经济增长对农地城市流转驱动作用及测度

一　农地城市流转驱动因子的空间尺度效应

农地城市流转的格局、过程、驱动力和效应也具有显著的多尺度特征，各驱动因子会受到时间和空间尺度上的影响（蔡运龙，2001；陈佑启和何英彬，2005），尺度不同，驱动力因子的类型和作用强度也会有所差异，即存在尺度依赖。不同地区的农地城市流转驱动因子及同一地区不同时间段内的农地城市流转驱动因子间具有较大的差异，即使是同一地区的农地城市流转，若从不同尺度进行分析，各驱动因子的驱动力大小也会有所差别，只有多尺度的综合分析才能反映农地城市流转的实质。从时间尺度来讲，农地城市流转的自然驱动因子，如气候、土壤、水文等一般在大时间尺度上的影响较为显著；而社会经济驱动因子则在小时间尺度上的影响较为明显（何英彬等，2013）。从空间尺度来讲，耕作尺度上，农地城市流转可能主要受土壤类型、地形坡度、价值观念和农户经济等方面的影响；地方尺度上，农地城市流转可能主要受地方经济发展、招商引资和基础设施建设等方面的影响，而农户价值观念等驱动因子则可能被忽略；区域或国家尺度上，农地城市流转则会更多地受到气候、人口、区域经济发展水平、生态、粮食安全需求、宏观政策等的影响，在这一尺度下，地方经济发展对农地城市流转的驱动作用可能会因粮食安全和生态保护等需求的影响而被弱化。

尺度依赖使得农地城市流转驱动因子具有较强的层次性，在探求其驱动机制的过程中必须找出各驱动力间的相互"驱动"关系，特定尺度上的某一驱动因子不但会在本尺度上作用于农地城市流转，还会通过作用于其他上级或下级尺度上的驱动因子，间接对其他尺度上的农地城市流转产生影响。因此，既不能通过简单地将小尺度规模层次上的农地城市流转及其活动累加来描述区域级的农地城市流转特征及过程，也不能将大尺度规模层次上的农地城市流转变化综合地用于解释其内部小尺度农地城市流转特征、影响因素及过程（邵景安，2007）。在构建农地城市流转驱动机制时，需要建立一套尺度等级体系，并对各等级尺度下的驱动因子进行统一融合分析，如此方能全面揭示农地城市流转的过程。具体到本书，由于所涉时间跨度较短，不考虑各驱动因子的时间尺度效应，仅对农地城市流转各驱动因子的空间尺度效应进行讨论。空间尺度方面，考虑市域和县域两级空间尺度；尺度间的相互作用方面，只考虑市域尺度农地城市流转驱动因子对县域尺度农地城市流转驱动的影响。对多层次农地城市流转机制的模拟基于分层线性模型技术进行。

二　研究方法：分层线性模型

很多社会研究中都要涉及分层数据结构，即数据具有嵌套结构，如学生水平特征嵌套于班级或学校、兄弟姐妹特征嵌套于家庭、个体之间的观测值嵌套于社区等。在分层结构数据中常存在组内相关的问题，即同一组内的个体较不同组个体而言，在观念、行为等很多方面更为接近或相似，即具有组内同质性和组间异质性。在这种情况下，若直接采用传统统计分析方法进行分析则会产生第 I 类错误。而通过多层统计分析（Multilevel Modeling）可以有效分离组内差异和组间差异，从而消除因组内相关所引发的估计误差，提高估计精度（Overmars and Verburg，2006；Snijders and Bosker，1999）。此外，分层线性模型还能将总体差异分解到各个层次上，从而对各层次间的关系进行检验（Guo and Zhao，2000）。在不同的学科领域中，多层统计分析被冠以各种不同的名称，如社会学研究中一般称为多层线性模型（Multilevel Linear Models），生物学统计研究中常被称为混合效应模型（Mixed-effect Models）或随机效应模型（Random-effects Models），计量经济学相关研究中常称之为随机系数回归模型（Random-coefficient Regression Models），而统计学相关研究中则常将其称为协方差成分模型（Covariance Components Models）。本书沿用了 Lindley 和 Smith（1972）研究中的称谓，将其称为分层线性模型（Hierarchical Linear Models，HLM），研究所涉及分层线性模型的统计分析采用统计软件 HLM 7.0 进行。

以两层模型为例对分层线性模型的原理进行介绍，两层线性分层模型的简单形式如下：

层-1：

$$Y_{ij} = \beta_{0j} + \beta_{1j} X_{ij} + r_{ij}$$

层-2：

$$\beta_{0j} = \gamma_{00} + \gamma_{01} W_j + u_{0j}$$

$$\beta_{1j} = \gamma_{10} + \gamma_{11} W_j + u_{1j} \qquad\qquad 式5—1$$

式 5—1 中，i 为层-1 单位编号，j 为层-2 单位编号，层-1 单位嵌套于层-2 单位之中；Y_{ij} 为模型因变量；β_{0j} 和 β_{1j} 为层-1 系数；X_{ij} 为层-1 自变量；r_{ij} 为层-1 随机效应；γ_{00}、γ_{01}、γ_{10} 和 γ_{11}

为层-2 系数，又称为模型固定效应；u_{0j} 和 u_{1j} 为层-2 随机项，又称为随机效应。

模型假设：

$$E\ (r_{ij})\ =0,\ Var\ (r_{ij})\ =\sigma^2$$

$$E\begin{bmatrix} u_{0j} \\ u_{1j} \end{bmatrix} = \begin{bmatrix} 0 \\ 0 \end{bmatrix},\ Var\begin{bmatrix} u_{0j} \\ u_{1j} \end{bmatrix} = \begin{bmatrix} \tau_{00} & \tau_{01} \\ \tau_{10} & \tau_{11} \end{bmatrix} = T$$

$$Cov\ (u_{0j},\ r\,ij) = Cov\ (u_{1j},\ r\,ij) = 0$$

将 Level-1 和 Level-2 模型组合：

$$Y_{ij} = \gamma_{00} + \gamma_{10}X_{ij} + \gamma_{01}W_j + \gamma_{11}X_{ij}W_j + u_{0j} + u_{1j}X_{ij} + r_{ij} \qquad 式5—2$$

式 5—2 中，γ_{00} 为模型因变量的总平均值；$\gamma_{10}X_{ij}$ 为层-1 个体特征效应；$\gamma_{01}W_j$ 为层-2 个体特征效应；$\gamma_{11}X_{ij}W_j$ 为层-2 个体 j 与其所嵌套层-1 个体间的互动效应；u_{0j} 为层-2 个体因变量平均值的随机波动；$u_{1j}X_{ij}$ 为层-2 个体 j 中所嵌套层-1 个体特征效应的随机波动；r_{ij} 为层-1 个体的随机波动。

模型数据的组内相关性可通过层-2 结果方差中各单位之间差别所占的比例，即组内相关系数（Intra-class Correlation Coefficient，ICC）进行衡量，具体计算式如下：

$$ICC = \frac{\tau_{00}}{\tau_{00} + \sigma^2} \qquad 式5—3$$

有关组内相关系数的测算通常在零模型分析中进行。所谓零模型即指各层方程中均不设自变量的模型，又称为带随机效应的单因素方差分析，是开展分层模型分析的第一步。零模型的一般形式如下：

$$Y_{ij} = \gamma_{00} + u_{0j} + r_{ij} \qquad 式5—4$$

组内相关系数既反映了组间变异，也代表了组内个体间的相关，其值在 0—1 之间。组内相关系数越接近 1，则组间方差相对于组内方差越大，组间异质性越强，组内异质性越弱；越接近 0，则组间方差相对于组内方差越小，组间异质性越弱，组内异质性越强；当其趋于 0 时，则说明无组群效应，该模型采用多元回归分析即可，无须进行多层模型分析。关于是否有必要进行多层模型分析的判断也可通过组间方差的显著性检验进行，若组间方差统计显著，则需进行多层模型分析；反之，则没有必要。

在多元回归分析中，变量的解释能力可采用可决系数（R^2）进行衡量，在分层线性模型中，由于在层-1 和层-2 上均有未解释方差的存在，因此不能计算可决系数，而是采用方差缩减比例来进行衡量。为测算方差缩减比例，需要进行半条件模型分析。所谓半条件模型即指只在某一层内设置自变量，而不在其他任何层次设置自变量的模型，除计算方差缩减比例，判断各层变量的可解释能力外，半条件模型还可对模型自变量进行初步筛选，以减少完整模型中自变量筛选的工作量。

首先，层-1 变量解释能力。

为衡量层-1 自变量的解释能力，需要在零模型分析的基础上，进行随机系数模型（半条件模型的一种，模型仅含层-1 自变量，不含层-2 自变量）分析，随机系数模型的一般形式如下：

$$Y_{ij} = \gamma_{00} + \gamma_{10}X_{ij} + u_{0j} + u_{1j}X_{ij} + r_{ij} \qquad 式5—5$$

对比零模型和随机系数模型的分析结果，可看到 $\hat{\sigma}^2$ 的下降，$\hat{\sigma}^2$ 的下降程度即方差消减比例，即为层-1 自变量的解释能力。

$$层-1自变量解释能力 = \frac{\hat{\sigma}^2(零模型) - \hat{\sigma}^2(随机系数模型)}{\hat{\sigma}^2(零模型)} \qquad 式5—6$$

式 5—6 中，$\hat{\sigma}^2$（零模型）为零模型的层-1 残差方差，$\hat{\sigma}^2$（随机系数模型）为随机系数模型的层-1 残差方差。

其次，层-2 变量解释能力。

衡量层-2 自变量解释能力的方法与层-1 自变量解释能力测度类似，但此时需进行的是以均值为结果的模型（另一种半条件模型，模型仅含层-2 自变量，不含层-1 自变量）分析，以均值为结果模型的一般形式如下：

$$Y_{ij} = \gamma_{00} + \gamma_{01} W_j + u_{0j} + r_{ij} \qquad 式5—7$$

对比零模型和以均值为结果模型的分析结果，可看到 $\hat{\tau}_{00}$ 的下降，$\hat{\tau}_{00}$ 的下降程度即方差消减比例，即为层-2自变量的解释能力。

$$层-2自变量解释能力 = \frac{\hat{\tau}_{00}(零模型) - \hat{\tau}_{00}(以均值为结果的模型)}{\hat{\tau}_{00}(零模型)}$$

$$式5—8$$

式5—8中，$\hat{\tau}_{00}$（零模型）为零模型的层-2残差方差，$\hat{\tau}_{00}$（以均值为结果的模型）为以均值为结果模型的层-2残差方差。

在随机系数模型中引入层-2变量，得到完整模型，完整模型的固定效应的正负和大小表征了各层自变量对因变量的作用方向和作用力大小。对比完整模型和随机系数模型的随机效应分析结果，计算方差缩减比例，则可对层-2自变量对其所对应层-1个体均值的解释能力及层-2自变量对其所对应层-1自变量斜率的解释能力，计算式见式5—9和式5—10。

$$\begin{pmatrix} 层-2自变量对均 \\ 值的解释能力 \end{pmatrix} = \frac{\hat{\tau}_{00}(随机系数模型) - \hat{\tau}_{00}(完整模型)}{\hat{\tau}_{00}(随机系数模型)}$$

$$式5—9$$

$$\begin{pmatrix} 层-2自变量对层-1自变 \\ 量斜率的解释能力 \end{pmatrix} = \frac{\hat{\tau}_{11}(随机系数模型) - \hat{\tau}_{11}(完整模型)}{\hat{\tau}_{11}(随机系数模型)}$$

$$式5—10$$

式5—9和式5—10中，$\hat{\tau}_{00}$（随机系数模型）和 $\hat{\tau}_{11}$（随机系数模型）为随机系数模型中层-2模型 u_{0j} 和 u_{1j} 的方差；$\hat{\tau}_{00}$（完整模型）和 $\hat{\tau}_{11}$（完整模型）为完整模型中层-2模型 u_{0j} 和 u_{1j} 的方差。

三　不同空间尺度经济增长的农地城市流转驱动力测度

基于分层线性模型技术构建的农地城市流转分层驱动模型不但可以模拟各层次驱动因子对农地城市流转的直接驱动作用，还对高层次驱动因子通过作用于低层次驱动因子而对农地城市流转的间接驱动作用进行了考量（Hoshino，2001）。由于本节构建农地城市流转分层驱动模型的目的在于探讨不同尺度经济增长对农地城市流转的驱动作用，为便于说明，将表征经济增长的生产总值变量在模型中单独列出，模型的具体形式如下：

层-1：

$$CLA_{ijt} = \beta_{0j} + \beta_{1j} GDP_{ijt} + \sum_{p=2}^{P} \beta_{pj} X_{pijt} + r_{ij}$$

层-2：

$$\beta_{pj} = \gamma_{p0} + \gamma_{p1} GDP_{jt} + \sum_{s=2}^{S} \gamma_{ps} W_{sjt} + u_{pj}, \quad p = 0, 1, 2\cdots$$

式 5—11

式 5—11 中，下标 i 表示层-1 单元（县、市、区）；下标 j 表示层-2 单元（市、省直管市）；下标 t 表示观测年份（2007—2011）；CLA_{ijt} 为模型因变量，即 j 市 i 县在 t 年份的农地城市流转规模；GDP_{ijt} 为 j 市 i 县在 t 年份的生产总值水平；X_{pijt} 分别为 j 市 i 县除生产总值外的 $P-1$ 个层-1 自变量在 t 年份的水平；β_{pj}（$p = 0, 1, 2, \cdots$）为层-1 待估计系数；r_{ij} 为层-1 随机成分；GDP_{jt} 为 j 市在 t 年份的生产总值水平；W_{sjt} 分别为 j 市除生产总值外的 $s-1$ 个层-2 自变量在 t 年份的水平；γ_{ps} 为层-2 待估计系数；u_{pj} 为层-2 随机成分。

β_{1j} 为 j 市县域经济增长水平对农地城市流转规模的平均影响，即 j 市单位经济增长所引发的农地城市流转规模，其正负反映了该市辖区内各县（市、区）经济发展对农地城市流转的平均作用力方向，绝对值大小反映了该市辖区内各县（市、区）经济发展对农地城市流转的平均驱动（抑制）大小。γ_{01} 为 j 市经济增长水平对其辖区内各县（市、区）农地城市流转平均规模的影响。γ_{10} 为各市县域经济增长与县域农地城市流转之间斜率的总体平均数，表明了各市县域经济增长对农地城市流转驱动作用的平均水平。γ_{p1}（$p=1$，2，3…）为 j 市经济增长水平对 p 个县域农地城市流转驱动因子作用力的影响，若 γ_{p1} 与 γ_{p0}（$p=1$，2，3…）的正负相同，则表明 j 市的经济增长会强化第 p（$p=1$，2，3…）个县域驱动因子对该县农地城市流转的驱动作用；若 γ_{p1} 与 γ_{p0}（$p=1$，2，3…）的正负相异，则表明 j 市的经济增长会削弱第 p（$p=1$，2，3…）个县域驱动因子对该县农地城市流转的驱动作用。

第三节　实证分析：武汉城市圈经济增长对农地城市流转驱动作用的跨尺度分析

本节以武汉城市圈为例，基于城市圈 2007—2011 年各市、市辖县（市、区）的农地城市流转和社会经济发展数据，构建了农地城市流转分层线性模型，以探求不同层次（县域本身和县所在的市）经济增长对各县（市、区）农地城市流转规模的影响。考虑到线性分层模型对数据的要求，加之本书在收集城市圈各县（市、区）农地城市流转数据时发现，武汉市七个主城区（江岸、江汉、硚口、汉阳、武昌、青山、洪山）整体在其新增建设用地审批台账中被作为一个统计单元，对研究区域内的自然行政组织形态空间尺度结构进行了适当归并处理，具体如下：将武汉市主城区整体作为一个县域空间尺度单元，称为主城区；将仙桃、潜江和天门分别作为一个县域单元，而将三市整体作为一个市域单元，称为省直管市。进行归并处理后，武汉城市圈共辖七个市级单元，下设 42 个县级单位，见表 5—2。后文如无特殊说明，皆按此进行数据处理，不再赘述。

表 5—2　　　　　　　　　武汉城市圈空间组织结构

城市圈所辖市		市辖区（县、市）
地级市	武汉市	主城区（江岸区、江汉区、硚口区、汉阳区、武昌区、青山区、洪山区）、东西湖区、汉南区、蔡甸区、江夏区、黄陂区、新洲区
	黄石市	黄石港区、西塞山区、下陆区、铁山区、大冶市、阳新县
	鄂州市	梁子湖区、华容区、鄂城区
	孝感市	孝南区、孝昌县、大悟县、云梦县、应城市、安陆市、汉川市
	黄冈市	黄州区、团风县、红安县、罗田县、英山县、浠水县、蕲春县、黄梅县、麻城市、武穴市
	咸宁市	咸安区、嘉鱼县、通城县、崇阳县、通山县、赤壁市
省直管市		仙桃市、潜江市、天门市

研究涉及二层空间尺度下的五年期重复观测数据，符合三层数据结构形式，但考虑到年期较短，时间尺度效应并不明显。且各层的观测对象数量并不多，在只有五年期观测数据的情况下还不足以满足三层线性模型的数据要求，研究并未将各空间尺度下的数据按面板数据进行处理，而是直接进行混合回归，将三层数据转化为二层进行分析。

一　指标的选取

经济发展是土地利用结构变化的最主要因素之一，无论在何种空间尺度下都对农地城市流转具有相当的决定性作用，因此，在县域和市域两级空间尺度下都纳入了经济发展驱动因子。农用地资源禀赋、土地利用比较收益、城乡居民收入差距、流转收益分配等因子在较小空间尺度，如县域尺度上就已经存在较明显的差异，将这些驱动因子放在县域尺度下度量。人口属宏观尺度的变量（Turner Ⅱ and Meyer，1991），它对土地覆被变化的联系会随着空间尺度的变小而越来越弱（Meyer and Turner Ⅱ，1992），分析人口与农地城市流转间的关系应尽可能在较大尺度上进行，故将人口驱动因子放在市域空间尺度下度量。与人口一样，粮食安全、城镇化水平、宏观政策等也属于宏观尺度变量，放在市域尺度下度量。基于此，研究以县域农地城市流转规模为因变量；选择生产总值、城乡居民收入差距、城镇土地比较收益、产业结构、固定资产投资、农用地地均投入、平原地区比例和到武汉市中心的距离等八个指标为县域层面（层–1）自变量；生产总值、常住人口、外商投资、城镇工资水平、粮食自给率和城镇化率等六个指标为市域层面（层–2）自变量。各变量的定义见表5—3。

表5—3　　　　　　　　　　　　　变量选择与界定

变量	变量说明
因变量	
农地城市流转规模（CLA）	新增建设用地占用农用地的规模（ha）
因变量	
县域层面自变量（层–1自变量）	
生产总值（GDP_ c）	亿元
城乡居民收入差距（ING）	城镇居民人均可支配收入/农村居民人均纯收入
城镇土地比较收益（LRR）	建设用地地均收益/农用地地均收益
产业结构（INS）	（生产总值–农林牧渔业产值）/生产总值（%）
固定资产投资（FINV）	亿元
农用地地均投入（AINV）	农业总投入/耕地面积（元/亩）
平原地区比例（PR）	坡度低于8度地区面积/土地总面积（%）
到武汉城市中心的距离（DIS）	公里
市域层面自变量（层–2自变量）	
生产总值（GDP_ m）	亿元
常住人口（POP）	万人

变量	变量说明
外商投资（FDI）	实际外商直接投资额（亿美元）
城镇工资水平（UWA_m）	城镇在岗职工年均工资水平（元）
粮食自给率（FDP）	粮食总产量/（常住人口×人均粮食需求）（%）
城镇化率（URB）	非农业人口/总人口（%）

二 数据来源与说明

（一）农地城市流转规模

本书采用新增建设用地占农用地的数量对农地城市流转规模进行衡量，各县（市、区）历年新增建设用地占农用地的情况数据来源于国土部门历年（2007—2011）的新增建设用地审批台账。

（二）县域社会经济指标

1. 生产总值

各县（市、区）的生产总值数据来源于各市统计年鉴（2008—2012），并以2007年为基期，采用湖北省统计年鉴中居民消费价格总指数将其他年份生产总值数据统一折算至2007年的水平，历年的湖北省居民消费价格总指数及折算系数见表4—2。

2. 城乡居民收入差距

采用城镇居民人均可支配收入与农村居民人均纯收入之比进行衡量，各县（市、区）的城镇居民人均可支配收入和农村居民纯收入数据来源于各市统计年鉴（2008—2012）。

3. 城镇土地比较收益

采用建设用地地均收益与农用地地均收益之比进行衡量。其中，建设用地地均收益采用单位建设用地第二、第三产业产值计算（第二、第三产业产值/建设用地面积），而农用地地均收益采用单位农用地面积的农林牧渔业产值计算（农林牧渔业产值/农用地面积）。各县（市、区）第二、第三产业产值及农林牧渔业产值数据来源于各市统计年鉴（2008—2012），农用地和建设用地面积数据来源于国土部门历年（2007—2011）土地变更调查数据。

4. 产业结构

采用非农林牧渔业产值所占比例［（生产总值-农林牧渔业产值）/生产总值×100%］进行衡量，各县（市、区）的生产总值及农林牧渔业产值数据来源于各市统计年鉴（2008—2012）。

5. 固定资产投资

各县（市、区）的固定资产投资数据来源于各市统计年鉴（2007—2011），以2007年为基期，并按湖北省固定资产投资价格指数（表5—4）统一折算至2007年的价格水平。

表5—4　　　湖北省固定资产投资价格指数（2007—2011）

	2007	2008	2009	2010	2011
价格指数 （以2007年为100）	100.00	109.40	108.08	113.12	121.37
折算系数	1.000	0.914	0.925	0.884	0.824

6. 农用地地均投入

采用单位耕地面积的农用地投入（农业总投入/耕地总面积）进行衡量，农业总投入采用农业生产过程中主要能源及物资消耗量量度。本书主要考虑农村用电量、农用化肥施用量、农用塑料薄膜施用量、农用柴油消耗量和农药使用量等五项能源及物资的消耗，由于各项资源消耗量的量纲不同，统一进行折价处理（式5—12）。各类物资的单价以湖北省物价局网站公示的价格为准，并采用湖北省居民消费价格总指数（表4—2）折算至2007年的水平，具体见表5—5。

$$TAI_j = \sum_{r=1}^{R} S_{rj} \times P_r \qquad\qquad 式5—12$$

式 5—12 中，TAI_j 为 j 市农业总投入；S_{rj} 为 j 市 r 项能源物资消耗总量；P_r 为 r 项能源物资的价格。

表 5—5　　　　　　　　农业生产主要能源及物资单价　　　　　　单位：元

物资及能源	价格	均价	折算后价格（2007 年）
农村用电（元/千瓦时）			
已完成农网改造	0.58	0.57	0.50
未完成农网改造	0.56		
农用化肥（元/公斤）			
三元复合肥（P、N、K 各 5%）	3.17	3.16	2.76
三元复合肥（P、N、K 各 15%）	3.14		
农用塑料薄膜（元/公斤）			
高压聚乙烯地膜	14.58	15.03	13.17
高压聚乙烯棚膜	15.47		
农用柴油（元/公斤）			
−10 号柴油	8.13	7.91	6.93
0 号柴油	7.69		
农药（元/公斤）			
稻瘟净	21.27	22.51	19.72
氯氰菊酯	26.84		
氧化乐果	20.06		
敌敌畏	21.85		

注：农村用电采价日期为 2011 年 12 月 20 日；其他能源及物资的采价日期 2011 年 12 月 25 日。

7. 平原地区比例

采用本县（市、区）坡度小于 8 度的国土面积占全县总面积的比例进行测度，用以度量县域范围内适合进行城镇开发的地区潜力。各县（市、区）平原地区比例数据基于 1∶250000 数字地面高程模型（DEM）提取。

8. 到武汉市中心的距离

基于全国 1∶100000 的基础地理地图，采用距离测算工具测算生成。其中武汉市中心本书默认为省政府所在地，各县到武汉市中心的距离，为县域内所有栅格（1 公里×1 公里）中心到湖北省政府距离的平均值。

（三）市域社会经济指标

1. 生产总值

各市的生产总值数据来源于湖北省统计年鉴（2008—2012），并按表 4—2 中的湖北省居民消费价格总指数统一折算至 2007 年的水平。

2. 常住人口

各市的常住人口数量来源于湖北省统计年鉴（2008—2012）。

3. 外商投资

以实际外商直接投资水平为衡量标准，各市的实际外商直接投资水平数据来源于湖北省统计年鉴（2008—2012），并按表 4—2 中的湖北省居民消费价格总指数统一折算至 2007 年的价格水平。

4. 城镇工资水平

以城镇在岗职工年平均工资水平为衡量标准，各市在岗职工的年平均工资水平来源于各市统计年鉴（2008—2012），并按表 4—2 中的湖北省居民消费价格总指数折算至 2007 年的价格水平。

5. 粮食自给率

采用全市粮食产量占其粮食总需求量的百分比来衡量。其中，粮食总需求量按人均粮食需求量乘以全市常住人口数量获得（全市粮食产量/常住人口×人均粮食需求量）。本书中人均粮食需求采用世界粮农组织（FAO）标准，即 400 公斤/年·人。

6. 城镇化率

采用各市非农业人口占总人口的比重进行衡量，各市非农业人口及总人口的数量来源于各市统计年鉴（2008—2012）。

三　模型分析结果

（一）零模型分析

开展零模型分析的目的在于将表征武汉城市圈各县（市、区）农地城市流转规模差异的总方差分解到县域和市域两个层次上，检验各层方差比例的显著性水平，从而判断在构建农地城市流转驱动机制模型的过程中是否有引入市域社会经济指标，即建立层-2 模型的必要。本书中零模型的具体形式如下：

层-1：

$$CLA_{ijt} = \beta_{0j} + r_{ij}$$

层-2：

$$\beta_{0j} = \gamma_{00} + u_{0j} \qquad\qquad 式 5—13$$

式 5—13 中，CLA_{ijt} 为 j 市 i 县在 t 年份的农地城市流转规模，β_{0j} 为 j 市各县（市、区）的农地城市流转平均规模，r_{ij} 为层-1（县层）随机成分，γ_{00} 为城市圈各市县域农地城市流转平均规模的均值，u_{0j} 为层-2（市层）随机成分。

模型的信度估计显示，层-1 截距的信度为 0.764。信度越高，表明误差的方差越小，模型拟合的农地城市流转规模估计值与实际流转规模越接近。通常情况下，当模型估计信度>0.5 时，认为模型基本满足要求；当信度<0.1 时，则认为应将模型的随机误差项设为固定值。模型固定效应和随机效应参数估计的结果及对其统计显著性水平的检验见表 5—6。

零模型的固定效应显示，武汉城市圈各县（市、区）年度农地城市流转平均规模为 225.208 公顷（$\gamma_{00} = 225.208$，$P<0.01$）。零模型随机效应的卡方检验显示，县域农地城市流转规模在各市

间存在极显著差异（$P < 0.001$），即市域因素对其辖区内各县（市、区）的农地城市流转规模有很大的影响，在层-2模型中增加一些表征市域特征的自变量很有必要。

表5—6　　　　　　　　　　　零模型分析结果

固定效应及显著性检验				随机效应及显著性检验			
参数	回归系数	T	P	参数	方差成分	Chi	P
γ_{00}	225.208	5.776	<0.001	u_{0j}	41878.932	169.067	<0.001
				r_{ij}	68294.909		

据组内相关系数计算公式计算得到零模型的组内相关系数为 41878.932/（41878.932+68294.909）= 0.3801，即武汉城市圈各县（市、区）农地城市流转规模的差异有38.01%为市际差异，余下61.99%则为市内差异。由此可见，尽管县域差异是造成各县农地城市流转规模差异的主要原因，但市域层面因素对其的影响也不容小觑。

（二）半条件模型分析

由于研究所选取的自变量较多，若采用先全部纳入模型再依次剔除最不显著变量的方法确定最终模型工作量较大，因此先采用半条件模型分别对层-1和层-2变量进行初步筛选。

据层-2半条件模型（以均值为结果的模型）的分析，剔除了常住人口（POP）、外商投资（FDI）和城镇化水平（URB）三个层-2变量，市域生产总值（GDP_m）、城镇工资水平（UWA）和粮食自给率（FDP）三个变量留待进一步检验。据层-1半条件模型（随机系数模型）的分析，剔除了城乡居民收入差距（ING）、产业结构（INS）、固定资产投资（FIV）和平原地区比例（PR）四个层-1变量，生产总值（GDP_c）、城镇土地比较收益（LRR）、农用地地均投入（AINV）和距武汉市中心的距离（DIS）四个层-1

变量得以保留，留待进一步检验。模型因变量和在半条件模型分析
中通过检验的层-1、层-2变量的描述性统计见表5—7。

表5—7   变量的描述性统计

变量	单位	样本数量	均值	标准差	最小值	最大值
因变量						
CLA	ha	210	226.74	336.11	0	2132.23
层-1变量						
GDP_ c	亿元	210	184.82	487.93	12.95	4063.28
LRR		210	14.46	31.13	0.31	251.96
AINV	元/亩	210	646.82	367.12	156.73	1806.92
DIS	公里	210	84.30	35.14	3.75	148.13
层-2变量						
GDP_ m	亿元	35	1108.94	1439.95	208.71	5866.71
UWA	元	35	21407.40	6573.57	12163.00	40002.63
FDP	%	35	89.77	0.32	30.15	135.21

1. 以均值为结果模型分析

以均值为结果模型的最终形式如式5—14。其固定效应和随
机效应参数估计的结果及对其统计显著性水平的检验情况见表
5—8。

层-1：

$$CLA_{ijt} = \beta_{0j} + r_{ij}$$

层-2：

$$\beta_{0j} = \gamma_{00} + \gamma_{01} \times GDP\_ m_{jt} + \gamma_{02} \times UWA_{jt} + \gamma_{03} \times FDP_{jt} + u_{0j} \qquad 式5—14$$

式5—14中：$GDP\_ m_{jt}$为j市在t年份的 GDP 水平；UWA_{jt}为j
市在t年份的城镇工资水平；FDP_{jt}为j市在t年份的粮食自给率水
平；γ_{01}、γ_{02}、γ_{03}分别为市域 GDP、城镇工资水平和粮食自给率
对β_{0j}的影响；其他变量的含义与零模型相同。

表 5—8   **以均值为结果模型分析结果**

固定效应	回归系数	T	P
$INTRCPT_1$, β_0			
$INTRCPT_2$, γ_{00}	-351.084	-4.708	<0.001
GDP_m , γ_{01}	0.085	4.777	<0.001
UWA , γ_{02}	0.017	7.292	<0.001
FDP , γ_{03}	1.152	2.616	0.014
$GDP\_c\ slop$, β_1			

随机效应	标准差	方差成分	χ^2	P
$INTRCPT_1$, u_0	10.424	108.653	24.775	>0.500
Level-1 , r	235.902	55649.861		

以均值为结果模型的固定效应显示，市域 GDP、城镇工资水平及粮食自给率与其辖区内各县（市、区）的农地城市流转平均规模极显著正相关。将其随机效应的估计结果与零模型层-2 随机效应进行对比，计算得到层-2 随机项的方差缩减比例为（41878.932-108.653）/ 41878.932 = 0.9974，说明市域 GDP、城镇工资水平和粮食自给率解释了各市间的县域农地城市流转规模平均差异的 99.74%。进一步计算组内条件相关系数为 108.653/（108.653+55649.861）= 0.0019，这说明在控制了市域 GDP、城镇工资水平和粮食自给率后，市间差异占总差异的比例将缩小为 0.19%。

2. 随机系数模型分析

进行随机系数模型分析除了能对层-1 变量进行初步筛选外，还有一个重要功能就是为完整的模型分析提供参照，度量完整模型中层-2 变量的解释能力。通过随机系数模型估计的层-1 变量的无条件方差和完整模型估计的层-1 变量条件方差计算方差缩减比例，计算层-2 变量引入后层-1 模型随机系数方差削减比例，将其作为对层-2变量解释能力的判断。本书随机系数模型具体形式如式5—15。其固定效应和随机效应参数估计的结果及对其统计显著性水平检验情况见表5—9。

层-1:

$$CLA_{ijt} = \beta_{0j} + \beta_{1j}GDP\_c_{ijt} + \beta_{2j}LRR_{ijt} + \beta_{3j}AINV_{ijt} + \beta_{4j}DIS_{ij} + r_{ij}$$

层-2:

$$\beta_{pj} = \gamma_{p0} + u_{pj}, \quad p = 0, 1, 2, 3, 4 \qquad\qquad 式5—15$$

式5—15中，GDP_c_{ijt}为j市i县在t年份的GDP水平；LRR_{ijt}为j市i县在t年份的城镇土地比较收益；$AINV_{ijt}$为j市i县在t年份的农用地地均投入水平；DIS_{ij}为j市i县距武汉市中心的距离；β_{pj}（$p=1, 2, 3, 4$）分别为j市县域GDP、城镇土地比较收益、农用地地均投入和距武汉市中心的距离与农地城市流转规模关系的斜率；γ_{00}为所有市县域农地城市流转平均规模的均值；γ_{p0}（$p=0, 1, 2, 3, 4$）分别为所有市GDP、城镇工资水平和粮食自给率状况与农地城市流转规模关系的平均回归斜率；u_{0j}为与j市对应的县域农地城市流转平均规模特征增量；u_{pj}（$p=1, 2, 3, 4$）分别为与j市对应的GDP、城镇工资水平和粮食自给率状况的斜率上的特征增量。

随机系数模型的固定效应显示，就武汉城市圈七市（省直管市）的平均情况来看，县域农地城市流转平均规模的均值为202.424公顷（$\gamma_{00} = 202.424$，$P < 0.001$）；县域每亿元GDP的增长约会致1.279公顷的农地城市流转（$\gamma_{10} = 1.279$，$P < 0.001$）；县域城镇土地比较收益每增加1倍约会致2.636公顷的农地城市流转（$\gamma_{20} = 2.636$，$P < 0.05$）；县域农用地地均投入每元的增加约会减少0.196公顷的农地城市流转（$\gamma_{30} = -0.196$，$P < 0.1$）；县距武汉市中心的距离每增加1公里约会减少3.478公顷的农地城市流转（$\gamma_{40} = -3.478$，$P < 0.001$）。

表 5—9　　　　　　　　　随机系数模型分析结果

固定效应	回归系数	T	P
$INTRCPT_1$, β_0			
$INTRCPT_2$, γ_{00}	202.424	5.727	<0.001
$GDP\_c\ slop$, β_1			
$INTRCPT_2$, γ_{10}	1.279	7.523	<0.001
$LRR\ slop$, β_2			
$INTRCPT_2$, γ_{20}	2.636	0.798	0.031
$AINV\ slop$, β_3			
$INTRCPT_2$, γ_{30}	−0.196	−1.929	0.062
$DIS\ slop$, β_4			
$INTRCPT_2$, γ_{40}	−3.478	−4.183	<0.001

随机效应	标准差	方差成分	χ^2	P
$INTRCPT_1$, u_0	204.444	41797.359	391.639	<0.001
$GDP\_c\ slop$, u_1	0.601	0.361	41.577	0.010
$LRR\ slop$, u_2	16.378	268.244	102.708	<0.001
$AINV\ slop$, u_3	0.448	0.201	43.543	0.006
$DIS\ slop$, u_4	4.322	18.681	56.718	<0.001
Level-1, r	131.630	17326.578		

注：$P<0.01$，极其显著；$P<0.05$，显著；$P<0.1$，一般显著。

将随机系数模型的层-1随机效应估计结果与零模型层-1随机效应进行对比，计算得到层-1随机项的方差缩减比例为（68294.909－17326.578）／68294.909＝0.7463，表明，县域GDP、城镇土地比较收益、农用地地均投入、到武汉市中心的距离解释了市内县域农地城市流转规模差异的74.63%。模型层-2随机效应估计结果则表明，县域农地城市流转平均规模、县域生产总值对农地城市流转的正向相关关系、城镇土地比较收益与农地城市流转规模的正向相关关系、农用地地均投入与农地城市流转的负向相关关系、距武汉市中心距离与农地城市流转规模的负向相关关系在城市圈七市（省直管市）间存在着显著差异，在模型中引入市域层次的变量很有必要。

（三）完整模型分析

当前已有采用分层模型的农地城市流转驱动力研究认为，区域因素仅会对区域内各研究单元的农地城市流转平均规模造成影响，对单元内其他因素驱动作用的影响则并不明显，即仅在截距项内引入区域层次变量（Jiang et al.，2012）。本书为验证这一观点，在构建完整模型时，分别构建了仅含截距效应的完整模型和同时包含截距和随机效应的完整模型，各层模型变量的引入采用逐步回归法确定。

1. 仅含截距效应的完整模型分析

仅含截距效应的完整模型，即只在层-1截距项在层-2中的表达式里引入市域层次变量，模型的具体形式如式5—16，其固定效应和随机效应的估计结果见表5—10。

层-1：

$$CLA_{ijt}=\beta_{0j}+\beta_{1j}GDP\_c_{ijt}+\beta_{2j}LRR_{ijt}+\beta_{3j}AINV_{ijt}+\beta_{4j}DIS_{ij}+r_{ij}$$

层-2：

$$\beta_{0j}=\gamma_{00}+\gamma_{01}\times GDP\_m_{jt}+\gamma_{02}\times UWA_{jt}+\gamma_{03}\times FDP_{jt}+u_{0j}$$

$$\beta_{pj}=\gamma_{p0}+u_{pj},\ p=1,2,3,4 \qquad 式5—16$$

表5—10　　　　　　　**包含截距效应的完整模型分析结果**

固定效应	回归系数	T	P
$INTRCPT_1$，β_0			
$INTRCPT_2$，γ_{00}	−307.435	−4.437	<0.001
GDP_m，γ_{01}	0.087	5.558	<0.001
UWA，γ_{02}	0.013	6.390	<0.001
FDP，γ_{03}	1.445	3.476	0.002
$GDP\_c\ slop$，β_1			
$INTRCPT_2$，γ_{10}	1.333	6.293	<0.001

续表

固定效应	回归系数		T		P
$LRR\ slop$，β_2					
$INTRCPT_2$，γ_{20}	2.674		0.665		0.051
$AINV\ slop$，β_3					
$INTRCPT_2$，γ_{30}	-0.203		-1.799		0.081
$DIS\ slop$，β_4					
$INTRCPT_2$，γ_{40}	-2.899		-4.387		<0.001
随机效应	标准差	方差成分		χ^2	P
$INTRCPT_1$，u_0	70.951	5034.040		77.416	<0.001
$GDP\_\ c\ slop$，u_1	0.535	0.286		38.193	0.024
$LRR\ slop$，u_2	17.963	322.677		98.872	<0.001
$AINV\ slop$，u_3	0.497	0.247		42.477	0.008
$DIS\ slop$，u_4	2.889	8.344		51.777	<0.001
Level-1，r	134.314	18040.125			

　　仅含截距效应的完整模型的固定效应显示，市域经济发展、城镇工资水平及粮食自给率水平的提升对其辖区内各县（市、区）的农地城市流转具有正向推动作用。其中，市域 GDP 每增加1亿元，其辖区内各县（市、区）的农地城市流转平均规模会增加约 0.087 公顷（$\gamma_{01}=0.087$，$P<0.001$）；全市城镇在岗职工平均工资水平每增加1元，其辖区内各县（市、区）的农地城市流转平均规模约会增加 0.013 公顷（$\gamma_{02}=0.013$，$P<0.001$）；全市粮食自给率每提高1个百分点，其辖区内各县（市、区）的农地城市流转平均规模会增加约 1.445 公顷（$\gamma_{03}=1.445$，$P<0.01$）。就城市圈各市（省直管市）的平均水平来看，每亿元县域 GDP 的增长所引发的全县农地城市流转约为 1.333 公顷（$\gamma_{10}=1.333$，$P<0.001$）；县域城镇土地比较收益每增加1倍所引发的全县农地城市流转规模约为 2.674 公顷（$\gamma_{20}=2.674$，$P<0.1$）；县域农用地地均投入每增加1元/亩，全县的农地城市流转规模约会减少

0.203 公顷（$\gamma_{30} = -0.203$，$P < 0.1$）；各县（市、区）到武汉市中心的距离每增加 1 公里，全县的农地城市流转规模约会减少 2.899 公顷（$\gamma_{30} = -2.899$，$P < 0.001$）。

包含截距效应的完整模型的随机效应显示，在引入市域 GDP、城镇工资水平和粮食自给率 3 个层-2 变量后，截距项和层-1 的四个自变量仍能通过显著性检验，表示引入市域 GDP、城镇工资水平和粮食自给率后，尽管各市农地城市流转平均规模的方差有明显下降，但仍然能通过显著性检验，表明在控制市域 GDP、城镇工资水平和粮食自给率后，各市的县域农地城市流转平均规模仍有较大的差异，而其他四个层-1 自变量斜率在各市间的显著差异也需要市域层面的变量对其进行进一步解释。仅包含截距效应完整模型的分析结果表明，区域层次变量的引入不仅会影响区域内各单元农地城市流转规模的平均水平，同时也会影响其单元内部因素对农地城市流转的驱动作用。

2. 包含截距和斜率效应的完整模型分析

为进一步分析县域内部因素对农地城市流转驱动作用在各市（省直管市）间的差异及市域因素对这一差异的解释作用，本书进一步构建包含截距和斜率效应的完整模型，模型的最终形式如式 5—17。其固定效应和随机效应的参数估计及统计显著性检验的结果见表 5—11。

层-1：

$$CLA_{ijt} = \beta_{0j} + \beta_{1j}GDP\_c_{ijt} + \beta_{2j}LRR_{ijt} + \beta_{3j}AINV_{ijt} + \beta_{4j}DIS_{ij} + r_{ij}$$

层-2：

$$\beta_{0j} = \gamma_{00} + \gamma_{01} \times GDP\_m_{jt} + \gamma_{02} \times UWA_{jt} + \gamma_{03} \times FDP_{jt} + u_{0j}$$

$$\beta_{1j} = \gamma_{10} + \gamma_{11} \times GDP\_m_{jt} + u_{1j}$$

$$\beta_{2j} = \gamma_{20} + \gamma_{21} \times GDP\_m_{jt} + u_{2j}$$

$$\beta_{3j} = \gamma_{30} + \gamma_{31} \times FDP_{jt} + u_{3j}$$

$$\beta_{4j} = \gamma_{40} + \gamma_{41} \times GDP\_m_{jt} + \gamma_{42} \times FDP_{jt} + u_{1j} \qquad \text{式 5—17}$$

表 5—11　　　　包括截距和斜率效应的完整模型分析结果

固定效应	回归系数	T	P
$INTRCPT_1$，β_0			
$INTRCPT_2$，γ_{00}	−296.382	−4.431	<0.001
GDP_m，γ_{01}	0.091	5.991	<0.001
UWA，γ_{02}	0.014	7.224	<0.001
FDP，γ_{03}	1.100	2.578	0.015
$GDP\_c\ slop$，β_1			
$INTRCPT_2$，γ_{10}	0.631	2.656	0.012
GDP_m，γ_{11}	0.0004	5.228	<0.001
$LRR\ slop$，β_2			
$INTRCPT_2$，γ_{20}	7.802	3.462	0.002
GDP_m，γ_{21}	−0.010	−4.166	<0.001
$AINV\ slop$，β_3			
$INTRCPT_2$，γ_{30}	−0.934	−7.178	<0.001
FDP，γ_{31}	0.008	7.018	<0.001
$DIS\ slop$，β_4			
$INTRCPT_2$，γ_{40}	−4.945	−2.378	0.024
GDP_m，γ_{41}	−0.003	−2.501	0.018
FDP，γ_{42}	0.041	2.096	0.044	0.044
随机效应	标准差	方差成分	χ^2	P
$INTRCPT_1$，u_0	68.520	4694.994	74.687	<0.001
$GDP\_c\ slop$，u_1	0.432	0.187	15.285	>0.500
$LRR\ slop$，u_2	8.112	65.802	49.403	0.124
$AINV\ slop$，u_3	0.100	0.046	20.402	>0.500
$DIS\ slop$，u_4	2.160	4.666	40.002	0.108
Level-1，r	132.590	17580.026		

注：$P<0.01$，极其显著；$P<0.05$，显著；$P<0.1$，一般显著。

　　包含截距和斜率效应完整模型的固定效应显示，市域整体的经济增长、城镇工资增加和粮食自给率的提升对于其辖区内各县的农地城市流转都具有正向推动作用。其中，市域 GDP 每增加 1 亿元，其辖区内各县（市、区）的农地城市流转平均规模会增加约 0.091 公顷（$\gamma_{01} = 0.091$，$P < 0.001$）；全市城镇在岗职工平均工资水平每增加 1 元，其辖区内各县（市、区）的农地城市流转平均规模约会增加 0.014 公顷（$\gamma_{02} = 0.014$，$P < 0.001$）；全市粮食自给率每提高 1 个百分点，其辖区内各县（市、区）的农地城市流转平均规模会增加约 1.100 公顷（$\gamma_{03} = 1.100$，$P < 0.001$），这与仅含截距效应完整模型的估计结果基本一致[①]。县域经济增长与其农地城市流转规模间存在显著正向关联（$\gamma_{10} = 0.631$，$P < 0.05$），所在市整体经济水平的提升会进一步强化这一正向关联（$\gamma_{11} = 0.0004$）；县域城镇土地比较收益的提升与农地城市流转规模间也存在极其显著的正向关联（$\gamma_{20} = 7.802$，$P < 0.01$），但所在市整体经济水平的提升会弱化这一正向关联（$\gamma_{21} = -0.010$）；县域地均农业投入的增加与其农地城市流转规模间存在极其显著的负向关联（$\gamma_{30} = -0.934$，$P < 0.001$），但所在市粮食自给率的提升会弱化这一负向关联（$\gamma_{31} = 0.008$，$P < 0.001$）；距武汉市中心距离与农地城市流转规模间存在极其显著的负向关联（$\gamma_{40} = -4.945$，$P < 0.05$），市域经济增长会强化这一负向关联（$\gamma_{41} = -0.003$，$P < 0.05$），但市域粮食自给率的提升则会弱化这一负向关联（$\gamma_{42} = 0.041$，$P < 0.05$）。

完整模型的随机效应显示，引入市域生产总值、市域城镇工资水平和市域粮食自给率三个层-2 变量后，县域生产总值、县域城镇用地比较收益、县域农地地均投入以及距武汉市中心的距离四个层-1 变量的随机效应均未通过显著性检验，说明层-2 变量的引入对层-1 变量进行了很好的解释，无须再添加更高层次的变

---

① 理论上仅含截距效应和含截距和斜率效应完整模型所估计的市域因素对县域农地城市流转平均规模的影响应是完全一致的，但由于在斜率表达式中引入市域层次变量后改变了模型估计中的迭代次数，因而参数估计值在两模型中存在少量偏差。

量进行解释。

对比随机系数模型的分析结果, 计算层-1 各随机系数的方差消减比例, 以检验层-2 变量引入是否有利于模型解释水平的提升, 计算结果见表 5—12。模型截距项的无条件方差为 41797.359, 引入市域生产总值、城镇工资和粮食自给率三个层-2 变量后的残差方差为 4694.994, 方差消减比例达 88.77%, 这表明县域平均农地城市流转规模的参数方差中有 88.77% 能被三个层-2 自变量所解释。相类似的, 县域生产总值与农地城市流转规模正向关系大小的差异有 48.25% 能被市域生产总值所解释; 县域城镇用地比较收益与农地城市流转规模的正向关系大小的差异有 75.47% 能被市域生产总值所解释; 县域农用地地均投入水平与农地城市流转规模的负向关系大小的差异有 78.67% 能被市域粮食自给率所解释; 县域距武汉市中心的距离与农地城市流转规模负向关系大小的差异有 75.03% 能被市域生产总值和粮食自给率所解释。

表 5—12 　市域层次变量所解释的方差成分及比例

变量	无条件方差	条件方差	方差消减比（%）
u_0	41797.359	4694.994	88.77
u_1	0.361	0.187	48.25
u_2	268.244	65.802	75.47
u_3	0.201	0.046	78.67
u_4	18.681	4.666	75.03

四 实证分析结论与讨论

(1) 武汉城市圈县域农地城市流转规模的差异有 61.99% 是由县域差异造成的, 县域因素是各县 (市、区) 农地城市流转规模差异的主因; 有 38.01% 的差异是由所在市的差异造成的, 也不容小觑。市域因素对农地城市流转规模的影响不但表现在辖区内各县（市、区）农地城市流转规模的平均水平上，还表现在县域因素对其自身农地城市流转规模影响力的大小上。

（2）以武汉城市圈 2007—2011 年各县的农地城市流转情况平均水平来看，各县（市、区）的年度农地城市流转平均规模为 202.424 公顷；县域 GDP 每增加 1 亿元会导致 1.279 公顷的农地城市流转；县域城镇土地比较收益每增加 1 倍会导致 2.636 公顷的农地城市流转；县域农用地地均投入每增加 1 元，农地城市流转规模会减少 0.196 公顷；距武汉市中心的距离每增加 1 公里，农地城市流转规模会减少 3.478 公顷。

（3）以城市圈各市（省直管市）的平均水平来看，市域 GDP 每增加 1 亿元，其辖区内各县（市、区）农地城市流转平均规模约会增加 0.087 公顷；市域城镇工资水平每增加 1 元，其辖区内各县（市、区）农地城市流转平均规模约会增加 0.013 公顷；市域粮食自给率每增加 1 个百分点，其辖区内各县（市、区）农地城市流转平均规模约会增加 1.445 公顷。

（4）GDP 水平越高的县，农地城市流转规模越大，且所在市的 GDP 水平会强化这一影响，即 GDP 水平越高的市，县域 GDP 对本地区农地城市流转的驱动作用越显著。城镇土地比较收益越高的县，农地城市流转规模越大，但所在市的 GDP 水平会弱化这一影响，即 GDP 水平越高的市，县域城镇土地比较收益对本地区农地城市流转的驱动作用不显著。农用地地均投入越高的县，农地城市流转规模越小，但所在市的粮食自给率会弱化这一影响，即粮食自给率越高的市，县域农用地地均投入对本地区农地城市流转的抑制作用越不明显。距武汉市中心越远的县，农地城市流转规模越小，且所在市的 GDP 水平会强化这一影响，但所在市的粮食自给率则会弱化这一影响，即 GDP 水平越高的市，各县距武汉市的距离对农地城市流转的抑制作用越明显；而粮食自给率越高的市，这一抑制作用越不明显。

（5）各市县域农地城市流转规模平均水平的差异有 88.77%
是由各市的 GDP、城镇工资水平和粮食自给率差异造成的；各市
县域 GDP 对农地城市流转驱动力的差异有 48.25% 是由各市的
GDP 水平差异造成的；各市县域城镇用地比较收益对农地城市流
转驱动力的差异有 75.47% 是由各市 GDP 水平的差异造成的；各
市县域农用地地均投入对农地城市流转驱动力的差异有 78.67%
是由各市的粮食自给率差异造成的；县域距武汉市中心距离对农
地城市流转驱动力的差异有 75.03% 是由各市的 GDP 水平和粮食
自给率差异造成的。

第四节　本章小结

本章从供给和需求的角度出发，在理论上对农地城市流转的
社会经济驱动机制进行了分析；指出农地城市流转驱动因子的空
间尺度效应，并基于分层线性模型思想构建了农地城市流转分层
驱动模型，以之测度经济增长在各空间尺度下对农地城市流转的
驱动作用及不同空间尺度经济增长对农地城市流转驱动机制的相
互作用。以武汉城市圈为例，对经济增长对农地城市流转的驱动
作用进行了跨尺度分析。研究显示：农地城市流转在城市圈各县
（市、区）间具有较明显的空间差异，这些差异同时也具有一定
的市域积聚性，市域尺度上的差异在空间总差异中也占有相当的
比重，市域因子对各县（市、区）农地城市流转的驱动作用具有
相当的解释能力；经济增长在各尺度上都对农地城市流转具有正
向驱动作用，大空间尺度下的经济增长除直接作用于农地城市流
转外，还会通过影响小尺度其他驱动因子的作用机制间接作用于
小尺度的农地城市流转。

第六章

农地城市流转对经济增长的
贡献及其尺度效应

第一节　农地城市流转的资源配置

农地城市流转本质是土地资源在农业用途和城市建设用途间的重新配置过程，其目标在于通过合理安排农地城市流转实现有限土地资源利用的社会、经济和生态综合效益最大化。农地城市流转的资源配置包括数量、时间和空间三个方面的内容：数量方面，包括流转总量和流转增量两部分，决定农地城市流转数量的主要是农用地、城市建设用地的边际产出率以及政府相关政策；时间方面，由于土地资源具有时间价值，等量同等用途土地资源在不同时间的价值不同（王万茂，1996），即同等规模农地城市流转在不同时间的成本和收益不同，在农地城市流转决策时应充分考虑其时间价值，以确定最佳流转时机；空间方面，不同地区农地城市流转所带来的效益不同，除考虑流转时机外，流转的空间分布也是农地城市流转资源配置的重要方面。

一　农地城市流转的资源配置方式

土地资源的配置方式有两种：一是市场配置，即土地资源作为一种无差别的商品，其是农用还是非农用完全由市场决定，此时决定各地农地城市流转资源分配的是各地区农用地和非农用地的比较收益差异以及不同地区间的土地比较收益差异；二是政府配置，即政府通过土地利用规划、城镇规划和年度用地计划对农地城市流转指标逐级分解，确定各地区的各类用地供给，此时决定其分配的是各级政府从全局出发，充分考虑地区实际，以促进社会可持续协调发展为目标所做的决策。我国土地是公有的，土地所有权归国家和农村集体所有，土地所有权不能随意出让和转让，土地所有权发生改变的唯一途径是通过国家征收将农村集体所有土地收归国有。只有国有土地的使用权可以进行出让和转让，因此农地城市流转必须首先经过国家征收变更土地所有权性质后方可进行。土地征收是一项政府行为，我国的土地征收实行国务院和省人民政府两级审批制度，各地区的土地征收规模（可流转规模）由中央和省级人民政府决定，属政府配置范畴。已征收土地由中央和省级人民政府授权地方人民政府通过招标、拍卖和挂牌的方式提供给土地使用者进行开发建设，已征收土地的分配属于市场配置范畴。

（一）市场配制下的农地城市流转

市场是资源配置的基础手段和有效方式，资源配置理论表明，在完全竞争的市场条件下，通过价格、供求和竞争等市场机制的有效运作，资源最终能以最优的数量和结构配置在最佳的用途和方向上，实现资源配置的帕累托最优。市场配置下的农地城市流转可用图6—1表示。

图6—1中，横轴 OO' 为土地资源总量，两纵轴分别表示农用地和城市用地的价值； Q_a 为农用地需求曲线， Q_u 为城市用地需求曲线；假定市场为完全竞争市场，则农用地与城市用地需求曲线同时也是其边际收益曲线（两者相重合）。在市场机制的作用下，农用地和城市用地的配置将在 E 点达到均衡，此时农用地的配置量为 OL ，城市用地的配置量为 LO' ，农用地和城市用地的价值相

等，即 $P_a = P_u$。在市场机制的作用下，农用地或城市用地需求曲线任何一方发生变动，另一方都会随之发生变动，并最终达到新的均衡状态。在新的均衡状态下，无论土地资源在两类用途间的配置量是否会发生改变，两类用地的价值都是趋于相等的，也即两类用地的边际收益趋于相等。由于在农地城市流转过程中，农地城市流转的边际收益即为城市用地边际收益，而农地城市流转的边际成本即为农用地的边际收益，两类用地的边际收益相等即为农地城市流转的边际收益与其边际成本相等，农地城市流转资源已达到最优配置。

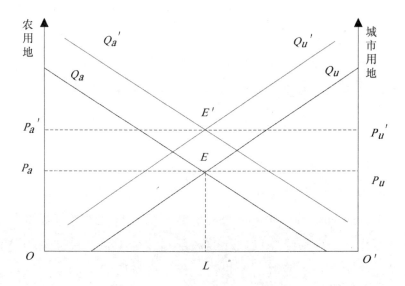

图6—1　农地城市流转的市场配置

据福利经济学第一定理，在完全竞争市场条件下，任一市场均衡状态都是帕累托最优的；而在实际中，由于不完全竞争市场、信息不及时不对称、外部性与公共物品的存在，市场均衡的结果往往不能带来资源配置的帕累托最优，即存在"市场失灵"。土地资源具有准公共物品的特性，不同土地利用方式都具有较明显的外部性特征，土地农用所带来的保障粮食安全、改善生态环境状况、提供开敞空间等正外部性与土地建设用所带来的噪声、环境污染、区域小气候恶化等负外部性都是由全社会共享的，具有非排他性；而不同土地利用方式所产生的经济收益则具有明显排他性，也就是说，农用地在为社会带来正外部性的同时，不得不忍受农用地与城市用地间比较收益的损失。在两者关系共同作用下，土地市场的"市场失灵"现象必然出现，图6—2以外部性为例，对市场失灵条件下的农地城市流转资源配置进行简要说明。

图6—2中，横轴OO′为土地资源总量，两纵轴分别表示农用地和城市用地的边际价值；MR_a和MR_u为不包含外部性在内的农用地和城市用地边际收益曲线；$MR_a′$和$MR_u′$为包含外部性在内的农用地和城市用地边际收益曲线。在市场机制下一般只考虑经济效益，此时的市场均衡点为MR_a与MR_u的交点E，此时农用地的配置量为OL，城市用地的配置量为LO′。若将农用地正外部性和

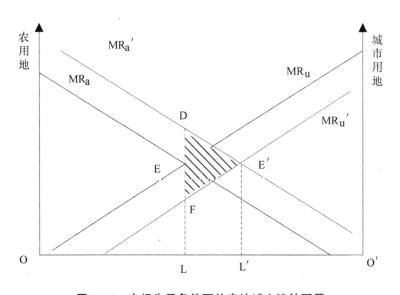

图6—2 市场失灵条件下的农地城市流转配置

城市用地负外部性考虑在内，则农用地的边际收益曲线由 MR_a 移至 MR_a'，城市用地的边际收益曲线由 MR_u 移至 MR_u'，此时的市场新均衡点为 E'，农用地的配置量为 OL'，城市用地的配置量为 $L'O'$。从社会整体综合效益最大化的原则出发，E' 点才是农用地和城市用地的最优配置点，但实际达成的均衡点却在 E 点，对比 E' 和 E 点下的土地资源配置及社会剩余，不难发现，忽视农地城市流转外部性会造成农用地向城市用地的过度流转，并会产生一定的社会剩余损失（图中阴影部分）。

（二）政府配置下的农地城市流转

政府配置的主要目的在于通过税收、管制、建立激励机制和制度改革等手段来解决公共物品的有效供给和需求问题，即在市场机制失灵的领域承担资源配置任务，以提高全社会的资源配置效率。在我国，政府对于农地城市流转的配置主要是通过在各级政府间配置非农建设用地指标进行，旨在解决农用地和城市土地外部性所带来的市场失灵问题，但由于在配置计划指标的过程中不可能 100% 收集到全部信息，且计划编制者和执行者对利益和价值的判断也有所差别，政府配置下的农地城市流转也不一定刚好是最优配置点。下面分两种情况对政府配置下的农地城市流转进行说明，图6—3（a）描述的是当政府配置的农地城市流转指标低于考虑外部性的完全竞争市场均衡条件下的农地城市流转指标时的政府配置；图6—3（b）描述的是当政府配置的农地城市流转指标高于考虑外部性的完全竞争市场均衡条件下的农地城市流转指标时的政府配置。

图6—3中，横轴 OO' 为土地资源总供给量，两纵轴分别表示农用地和城市用地的价值；Q_a 为农用地需求曲线，Q_u 为城市用地需求曲线；S 为政府城市用地供应曲线。若政府不参与农地城市流转资源的配置，在市场均衡条件下的农用地配置量为 OL，城市用地配置量为 LO'，而政府决定的城市用地供应量为 $L'O'$。图

6—3（a）中 $L'O'$ 小于 LO'，此时，农用地和城市用地的市场价格分别为 P_a 和 P_u，城市用地价格高于农用地价格，农用地和城市用地比较收益差距的存在，激发了农地的自发流转诉求，这也是不合法农地城市流转出现的主要原因。随着城镇化和工业化进程的推进，城市用地的需求进一步加大，需求曲线上移至 Q_u'，城市用地价格由 P_u 增加至 P_u'，而农用地价格保持不变，农用地和城市用地比较收益差距进一步扩大，违法用地的行为有加剧的风险。
图 6—3（b）中 $L'O'$ 大于 LO'，此时，农用地和城市用地的价格分别为 P_a 和 P_u，城市用地价格低于农用地价格，但由于农用地向城市用地的流转是不可逆的，因此，两者虽然存在比较收益差异，但也不可能实现城市用地向农用地的流转。从城市用地利用来看，由于此时城市用地的获取门槛较低，城市用地资源的粗放利用不可避免。当然，随着该地区社会经济的发展和城镇化、工业化水平提升，城市用地的需求曲线会上移（由 Q_u 上移至 Q_u'），城市用地的价格由 P_u 增加至 P_u'，城市用地的获取门槛提高，城市土地低效利用的状况会有所改善。值得一提的是，社会经济发展和城镇化、工业化进程的推进是一个长期过程，在社会经济发展水平提升到与现有城市土地供应量相当的过程中，仍存在大量的城市土地资源浪费。

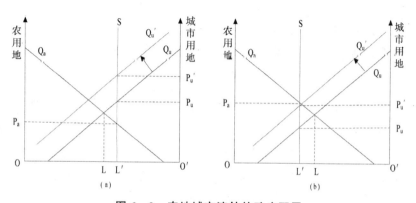

图 6—3　农地城市流转的政府配置

当前，我国相当一部分社会经济较发达地区的农地城市流转资源配置情况大致表现为图6—3（a）的情形，而少数社会经济发展相对落后的地区则与图6—3（b）的情形相一致，城市用地资源利用效率在空间上严重不均衡。这当然不是说我们应当本着效率至上的原则，在社会经济发达的东部地区大量推进农地城市流转，而在欠发达的中、西部地区则禁止或少量推进农地城市流转，这会加大我国的区域发展不均衡性，也不利于生态环境保护的建设。但在小范围内，如省域范围内采用效率的原则进行农地城市流转资源配置则是可行和应当的，省域单元也是我国粮食安全和耕地总量动态平衡等相关政策实施和指标考核的基本单元。

二　农地城市流转资源的空间配置效率

农地城市流转资源的空间配置效率即指在可供流转农用地规模一定和充分考虑现有技术水平的情况下，各类资源总是优先向效益最大的地区流动，即农地城市流转可带来最高效益的地区优先流转，以实现农地城市流转整体效益的最大化，最终实现农地城市流转资源配置的空间均衡。然而在现实中，由于我国在制定和分配各地区农地城市流转指标时，并未充分考虑各地区的社会经济发展和自然资源禀赋的差异，没有按照空间效率均衡的比较优势原则对其进行分配。一些经济发达的地区农地城市流转指标不够用，农用地和非农用地比较收益差距持续扩大，各类违法用地案件频发；而另一些经济欠发达地区农地城市流转指标用不完，年年结转。此外，经济欠发达地区地方政府为促进本地区经济发展，大力推进农地城市流转进程，且由于没有指标不足的限制，在招商引资的过程中往往疏于对土地利用效率的考量，更有甚者低价供地、随意减免土地出让金。各项农地保护政策效率低下，为在名义上达到土地用途管制的要求而修改土地利用总体规划，基本农田"划远不划近、划劣不划优"等行为频现的一个重要原因也在于此（陈江龙等，2004）。研究农地城市流转资源的空间均衡条件对于缓解经济发展与农地保护的矛盾，合理配置各地区的农地城市流转指标，提高相关农地保护政策的执行效力很有必要。

在农地城市资源配置空间均衡情况下，区域内不同空间下的农用地和城市用地边际收益相等，它是一种土地资源利用的空间"帕累托状态"。下面采用数学公式推导农地城市流转空间均衡的条件。

$$F = f(CLa_1,\ CLa_2\cdots,\ CLa_j;\ Y;\ K)$$

$$s.\ t.\ \begin{cases} CLa_1 + CLa_2 + \cdots + CLa_j = Cla \\ CLa_j \geqslant 0,\ j = 1,\ 2,\ \cdots,\ n \end{cases} \qquad \text{式 6—1}$$

式 6—1 中，F 为研究区域整体的国民经济生产函数，CLa_j 为区域内各辖区的农地城市流转规模，CLa 为研究区域一定时期内的农地城市流转总计划量，Y 为其他所有可变要素投入量，K 为其他所有不变要素投入量。据式 6—1 构建拉格朗日生产函数，$Z = f(CLa_1,\ CLa_2\cdots CLa_j;\ Y;\ K) + \lambda(CLa - CLa_1 - CLa_2 - \cdots - CLa_j)$，进一步推导农地城市流转空间均衡的条件为 $\partial f/\partial CLa_1 = \partial f/\partial CLa_2 = \partial f/\partial CLa_j = \lambda$，即区域内各辖区的农地城市流转边际产出相等，$MR(CLa_1) = MR(CLa_2) = MR(CLa_j) = \lambda$。若存在 $MR(CLa_i) > MR(CLa_j)$，则通过调节农地城市流转指标在 i 地区和 j 地区的分配可提高区域整体的经济产出水平，优化农地城市流转资源在区域内的空间配置。

三　武汉城市圈农地城市流转对经济增长贡献的空间不均衡

基尼系数和泰尔指数是衡量区域社会经济发展不均衡度的常用指标，本节以单位面积农地城市流转所对应的 GDP 增量（$\Delta GDP/\Delta F$）为农地城市流转对经济增长贡献的粗略估计，通过计算武汉城市圈农地城市流转对经济增长贡献的基尼系数和泰尔指数对城市圈农地城市流转对经济增长贡献的空间不均衡度进行判断。并进一步利用泰尔指数分解将城市圈农地城市流转对经济增长贡献的差异进一步分解为市内差异和市际差异两部分。若农地城市流转对经济增长贡献的差异以市内差异为主，则表明通过调整各市域内部的农地城市流转指标就可缩小城市圈内的农地城市流转效率差异，提高农地城市流转资源在城市圈内的空间配置效率；若农地城市流转对经济增长贡献的差异以市际差异为主，则表明在城市圈今后的建设过程中应当重点调整农地城市流转指标在各市间的分配，赋予经济发展水平较高的市（如武汉市）更多的农地城市流转指标，以提升城市圈农地城市流转的边际收益，改善其空间配置效率。

（一）武汉城市圈农地城市流转对经济增长贡献的基尼系数

参考胡祖光（2004）关于基尼系数简易计算方法的研究成果，认为农地城市流转对经济增长贡献的基尼系数近似地等于五分法中农地城市流转对经济增长贡献最高的那组流转土地带来的经济增长量百分比与农地城市流转对经济增长贡献最低的那组流转土地带来的经济增长量百分比之差，具体计算式如下：

$$g = P_5 - P_1 \qquad\qquad 式 6—2$$

式 6—2 中，P_5 为农地城市流转对经济增长贡献最高的 20% 的已流转土地所引发经济增长占经济增长总量的比重；P_1 为农地城市流转对经济增长贡献最低的 20% 的已流转土地所引发经济增长占经济增长总量的比重。本书在计算时，以县为基本单位进行，城市圈历年农地城市流转对经济增长贡献的基尼系数计算结果见表 6—1。

表 6—1 的计算结果显示，2007—2011 年，每公顷农地城市流转所对应的 GDP 增量由 2007 年的 1692.77 万元下降至 2011 年的 1043.55 万元，2009 年更低至 879.52 万元，农地城市流转对经济增长的贡献呈下降态势，非农建设用地对经济增长的作用未

得到充分挖潜，存在过度农地城市流转的可能。城市圈 2007 年县域农地城市流转所对应 GDP 增量的基尼系数最高，为 0.755；其次是 2009 年，基尼系数为 0.579；另外三个年份的基尼系数虽然都在 0.5 以下，但在基尼系数最低的 2011 年，其值也达到了 0.429。据国际上采用基尼系数衡量收入差距时的一般标准，当基尼系数超过 0.4 时，即表示具有较大差距；当基尼系数超过 0.6 时，则表示差距非常大。本书认为尽管武汉城市圈县域农地城市流转对应经济增长量的差距有所缩小，但整体仍呈现较大的差距。2007 年基尼系数奇高，这可能是由于受国家新增建设用地有偿使用费调整相关政策出台的影响，当年圈内超过 1/3 的县（市、区）无新增建设用地，在计算时将这部分样本剔除，从而造成样本量大量减少，影响了计算结果。

表 6—1　　　　　武汉城市圈农地城市流转经济效益差异

年份	单位农地城市流转对应 GDP 增量（万元/公顷）	基尼系数	泰尔指数
2007	1692.77	0.755	1.610
2008	1288.34	0.482	0.591
2009	879.52	0.579	1.005
2010	1143.77	0.440	0.663
2011	1043.55	0.429	0.885

注：单位农地城市流转对应 GDP 增量已统一折算至 2007 年价格水平。

（二）武汉城市圈农地城市流转对经济增长贡献的泰尔系数及分解

借鉴谭荣（2005）的研究成果，将传统泰尔指数计算公式中的人口指标转变为农地城市流转规模，将收入指标转变为 GDP 增量，构建农地城市流转对经济增长贡献的泰尔指数。计算式如下。

$$T = \sum_{j=1}^{J} G_j \ln\left(\frac{G_j}{N_j}\right) + \sum_{j=1}^{J} G_j \sum_{i=1}^{I} G_i \ln\left(\frac{G_i}{N_i}\right) \qquad \text{式6—3}$$

式6—3中，T 为农地城市流转对经济增长贡献的泰尔指数，G_j 为 j 市 GDP 增量占武汉城市圈 GDP 总增量的比重，N_j 为 j 市农地城市流转规模占武汉城市圈农地城市流转总规模的比重，G_i 为 i 县（市、区）GDP 增量占其所在市 GDP 总增量的比重，N_i 为 i 县（市、区）农地城市流转规模占其所在市农地城市流转总规模的比重。武汉城市圈历年农地城市流转对经济增长贡献的泰尔指数计算结果见表6—1。

由式6—3可以看出，泰尔指数实际上是将农地城市流转对经济增长贡献的差距分解为两个部分分别进行的计算，其中，$\sum_{j=1}^{J} G_j \ln(G_j / N_j)$ 为城市圈各市间的差距；而 $\sum_{j=1}^{J} G_j \sum_{i=1}^{I} G_i \ln(G_i / N_i)$ 则为城市圈各市内部各县（市、区）间的差距。为研究武汉城市圈农地城市流转对经济增长贡献差异的来源和变化趋势，对泰尔指数进行了分解，见表6—2。

表6—2　　　武汉城市圈各市内部及其之间农地城市流转
对经济增长贡献差异占总体差异的比例　　　单位：%

	2007	2008	2009	2010	2011
武汉市	87.60	47.55	35.29	19.78	6.32
黄石市	0.06	6.39	0.34	5.77	11.60
鄂州市	0.31	1.78	0.72	1.54	2.37
孝感市	0.001	0.87	2.94	1.47	2.63
黄冈市	2.70	1.87	0.99	1.78	6.52
咸宁市	3.16	37.36	53.61	55.07	60.84
直管市	0.04	0.04	0.31	0.16	0.19

	2007	2008	2009	2010	2011
市内	93.88	95.86	94.19	85.56	90.47
市际	6.12	4.14	5.81	14.44	9.53
泰尔指数	1.610	0.591	1.005	0.663	0.885

　　泰尔指数的计算结果显示出了与基尼系数相同的变化态势，即城市圈整体农地城市流转对经济增长贡献的差距有所缩减，但仍保持在一个较高的水平。泰尔指数分解显示，市内差异为农地城市流转对经济增长贡献差异空间不均衡的主要原因，市际差异占总差异的比重较小，城市圈农地城市流转空间配置效率的提升应着重于改善各市农地城市流转指标在其辖区内各县（市、区）间的分配上。从市内和市际差异占比的时间变化趋势来看，市内差距占城市圈农地城市流转对经济增长贡献总差距的比例由2007年的93.88%缩减至2011年的90.47%，2010年更低至85.56%，呈下降趋势；反之，市际差距占比则呈上升趋势。表明城市圈2007—2011年农地城市流转对经济增长贡献整体差距缩小的主要原因在于市内差距的缩减，但市际因素对整体差距的影响则表现得越来越明显。从城市圈各市市内差异占总差异的比重来看，武汉市占比下降明显，由2007年的87.60%下降至2011年的6.32%；其他各市差异占总差异的比重都呈增加态势，其中以咸宁市最为明显，占比由2007年的3.16%增加至2011年的60.84%。表明城市圈成立以来，武汉市各区农地城市流转对经济增长贡献的差距日益缩小，而其他市辖区各县（市、区）农地城市流转对经济增长贡献的差距则呈扩大趋势。这与城市圈成立之初，武汉市社会经济发展已处于较高水平，主城区土地资源的开发程度已达到较高水平，随着城市圈的建设，远城区得到了很好的发展，与主城区的差距缩小；而圈内其他市的社会经济发展尚处于较低水平，在城市圈的建

设过程中，基础条件相对较好的主城区优先得到了发展，与其远城区的差距进一步拉大的实际情况相符合。

采用单位农地城市流转所对应的 GDP 增量作为农地城市流转对经济增长贡献的衡量标准虽有一定的道理且无太大错误，但会高估农地城市流转对经济增长的贡献，因此，只能作为初步的判断。为更准确地量化农地城市流转对经济增长的贡献，后文将采用 C-D 生产函数对其进行进一步的测算。泰尔指数分解的结果已显示出市域因素对辖区内各县（市、区）农地城市流转对经济增长贡献越来越显著的影响，为揭示市域因素对其的影响，后文将 C-D 生产函数与分层线性模型相结合，对不同市域因素的影响作用进行了计量经济学分析。

第二节　农地城市流转对经济增长的贡献及测度

一　C-D 生产函数

柯布—道格拉斯生产函数（C-D 生产函数）是由数学家柯布和经济学家道格拉斯于 1928 年在对美国制造业进行分析时提出的，旨在探求资本和劳动力投入对产出的影响。模型假设：（1）完全竞争市场；（2）全社会只生产同一种产品；（3）只存在资本和劳动力两类生产要素，且两者间可以相互替代；（4）规模报酬不变；（5）技术进步不会改变投入要素的边际替代率，即希克斯中性技术进步。模型的基本形式如下：

$$Y = A K^{\alpha} L^{1-\alpha} \qquad\qquad 式6—4$$

式 6—4 中，Y 为产出水平；A 为结构参数，表示平均技术水平；K 为资本投入量；L 为劳动力投入量；α 为资本的产出弹性，是介于 0 和 1 之间的数；$1-\alpha$ 为劳动力的产出弹性。

式6—4两边同时除以 L，得到 $\dfrac{Y}{L} = A(\dfrac{K}{L})^{\alpha}$，令劳动力人均产出 $y=Y/L$，人均资本使用量 $k=K/L$，C-D生产函数可进一步改写成式6—5，据式6—5绘制得到C-D生产函数图形见图6—4。

$$y = Ak^{\alpha} \qquad\qquad\qquad 式6—5$$

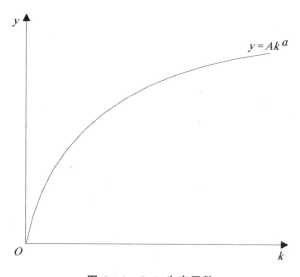

图6—4　C-D生产函数

由图6—4可以看出，在C-D生产函数中，劳动力人均产出会随着人均资本的增加而增加；劳动力人均资本规模报酬递减，即每增加一单位劳动力，人均资本所带来的产出增加量是逐渐减少的。

考虑到现实生活中，技术水平和规模报酬并不是一成不变的，将C-D函数进一步修正成如下形式：

$$Y = A(t) K^{\alpha} L^{\beta} \qquad\qquad\qquad 式6—6$$

式6—6中，$A(t)$ 为技术水平，是时间 t 的函数；若 $\alpha+\beta=1$，则规模报酬不变；若 $\alpha+\beta<1$，则规模报酬递减；若 $\alpha+\beta>1$，则规模报酬递增。

对式 6—6 两边取对数后对 t 求导，可得到产出增长率的分解式如下：

$$\frac{dY/dt}{Y} = \frac{dA(t)/dt}{A(t)} + \alpha \frac{dK/dt}{K} + \beta \frac{dL/dt}{L} \qquad \text{式 6—7}$$

式 6—7 中，$\frac{dY/dt}{Y}$ 为总产出增长率，$\frac{dA(t)/dt}{A(t)}$ 为技术水平增长率，$\frac{dK/dt}{K}$ 为资本增长率，$\frac{dL/dt}{L}$ 为劳动力增长率。由此可进一步推算出，技术进步对产出水平增长的贡献率为 $\frac{dA(t)/dt}{A(t)} \Big/ \frac{dY/dt}{Y}$，资本投入对产出水平增长的贡献率为 $\left(\alpha \frac{dK/dt}{K}\right) \Big/ \frac{dY/dt}{Y}$，劳动力投入对产出水平增长的贡献率为 $\left(\beta \frac{dL/dt}{L}\right) \Big/ \frac{dY/dt}{Y}$。

二　农地城市流转对经济增长贡献率的测算

C—D 生产函数是目前测算要素投入对经济增长贡献率最成熟的方法，本书将非农建设用地规模引入传统 C—D 生产函数构建新的生产函数模型，并以之测算农地城市流转对经济增长的贡献率。新的生产函数形式如下：

$$Y_t = A(t) K_t^{a_1} L_t^{a_2} F_t^{a_3} e^r \qquad \text{式 6—8}$$

式 6—8 中，Y 为经济总量水平；A 为技术水平，是时间 t 的函数；K 为资本存量；L 为劳动力投入量；F 为非农建设用地规模；a_1 为物质资本产出弹性；a_2 为劳动力资本产出弹性；a_3 为非农建设用地资本的产出弹性；r 为方程误差项。

假定 A_0 为基期技术水平，令 $A(t) = A_0 e^{a_0 t}$，则式 6—8 可改写为：

$$Y_t = A_0 e^{a_0 t} K_t^{a_1} L_t^{a_2} F_t^{a_3} e^r \qquad \text{式 6—9}$$

式 6—9 中，A_0 为基期年的技术水平，a_0 为技术进步率，其他变量含义与式 6—8 相同。参照利用 C-D 生产函数得到产出增长率分解式的方法，对式 6—9 两边取对数后对 t 求导，得到经济增长的分解式如下：

$$\frac{\Delta Y/\Delta t}{Y_t} = a_0 + a_1 \frac{\Delta K/\Delta t}{K_t} + a_2 \frac{\Delta L/\Delta t}{L_t} + a_3 \frac{\Delta F/\Delta t}{F_t} \qquad 式 6—10$$

由式 6—10 得到非农建设用地对经济增长贡献率的表达式如下：

$$C_F = \frac{a_3(\Delta F/\Delta t)/F_t}{(\Delta Y/\Delta t)/Y_t} \qquad 式 6—11$$

式 6—11 中，C_F 为非农建设用地对经济增长的贡献率；a_3 为非农建设用地的产出弹性系数；$(\Delta F/\Delta t)/F_t$ 为建设用地增长率；$(\Delta Y/\Delta t)/Y_t$ 为经济增长率。由于新增非农建设用地是通过农地城市流转获得的，因此，C_F 也即为农地城市流转对经济增长的贡献率。

三　市域因素对县域农地城市流转经济贡献率的影响及测度

前文泰尔指数的分解结果已显示了市域因素对辖区内各县（市、区）农地城市流转经济增长贡献越来越大的影响，基于此，本节将 C-D 生产函数与线性分层模型相结合，构建了分层经济增长模型如下：

层-1：

$$Y_{ijt} = A_{0j}\, e^{a_{0j}t}\, K_{ijt}^{a_{1j}}\, L_{ijt}^{a_{2j}}\, F_{ijt}^{a_{3j}}\, e^{r_{ij}}$$

层-2：

$$A_{0j} = \varphi_{A00} + \sum_{q=1}^{S} \varphi_{A0q} W_{qjt} + \mu_{A0j}$$

$$a_{pj} = \varphi_{p0} + \sum_{q=1}^{S_p} \varphi_{pq} W_{qjt} + \mu_{pj}, \quad p = 0,\ 1,\ 2,\ 3 \qquad 式 6—12$$

式 6—12 中，下标 i 为层-1 单元（县、市、区）；下标 j 为层-2 单元（市、省直管市）；下标 t 为观测年份（2007—2011）；Y_{ijt} 即模型因变量，为 j 市 i 县在 t 年份的生产总值水平；A_{0j} 为 j 市的初始技术水平；a_{0j} 为 j 市的技术进步率；K_{ijt}、L_{ijt} 和 F_{ijt} 为层-1 自变量，分别为 j 市 i 县在 t 年份的资本存量、劳动力投入量和非农建设用地投入量；a_{pj}（$p=1$，2，3）为 j 市投入要素（K、L、F）的产出弹性；r_{ij} 为层-1 随机成分；W_{qjt} 为层-2 自变量；φ_{A00} 为层-2 自变量对 A_{0j} 的回归截距；φ_{A0q} 为层-2 自变量对 A_{0j} 的回归系数；φ_{p0}（$p=0$，1，2，3）为层-2 自变量对 a_{pj} 回归截距；φ_{pq}（$p=0$，1，2，3）为层-2 自变量对 a_{pj} 的回归系数；μ_{pj}（$p=0$，1，2，3）为层-2 随机成分。

式 6—12 在形式上并不符合线性分层模型的一般要求，对层-1 模型两边取对数，调整为线性形式，调整后模型表达式如下：

层-1：

$$\ln(Y_{ijt}) = \ln A_{0j} + a_{0j}t + \alpha_{1j}\ln K_{ijt} + a_{2j}\ln L_{ijt} + a_{3j}\ln F_{ijt} + r_{ij}$$

层-2：

$$\ln A_{0j} = \varphi_{A00} + \sum_{q=1}^{S} \varphi_{A0q} W_{qjt} + \mu_{A0j}$$

$$a_{0j} = \varphi_{00} + \sum_{q=1}^{S_p} \varphi_{0q} W_{qjt} + \mu_{0j}$$

$$a_{1j} = \varphi_{10} + \sum_{q=1}^{S_p} \varphi_{1q} W_{qjt} + \mu_{1j}$$

$$a_{2j} = \varphi_{20} + \sum_{q=1}^{S_p} \varphi_{2q} W_{qjt} + \mu_{2j}$$

$$a_{3j} = \varphi_{30} + \sum_{q=1}^{S_p} \varphi_{3q} W_{qjt} + \mu_{3j} \qquad \text{式 6—13}$$

式 6—13 中，a_{3j} 为 j 市县域非农建设用地对经济增长产出弹性系数的平均水平，即县域非农建设用地规模每增加 1% 所引发的经济增长百分比；W_{qjt} 分别为 q 个市域影响因素；φ_{3q} 分别为 q 个市域影响因素对该市县域非农建设用地对经济增长产出弹性平均水平的影响。若 φ_{3q} 为正则说明第 q 个市域因素对非农建设用地对经济增长贡献具有正向促进作用，即该项市域因素水平越高的市，其辖区内各县（市、区）农地城市流转对经济增长的贡献越大；反之，若 φ_{3q} 为负则说明该项市域因素水平越高的市，其辖区内各县（市、区）农地城市流转对经济增长的贡献越不明显。

第三节　实证分析：武汉城市圈农地城市流转对经济增长的贡献的跨尺度分析

本节以武汉城市圈为例，基于2007—2011年圈内各市及其辖区内各县（市、区）的社会经济数据和非农建设用地投入数据构建经济增长的分层模型，分析市域社会经济因素对其辖区内各县（市、区）农地城市流转对经济增长贡献的影响。由于研究数据仅涉及五年，假定技术水平为常数，未构建技术水平关于时间 t 的函数。各层的基本研究单元与第五章保持一致，即将武汉市主城区整体作为一个县域单元，将仙桃、潜江和天门三市分别作为一个县域单元，而将三市整体作为一个市域单元。

一　指标的选取

研究以县域生产总值为因变量；资本存量、劳动力投入和非农建设用地投入等三个指标为县域层面（层-1）自变量；常住人口、人均生产总值、城镇化率、政府干预和人均耕地面积五个指标为市域层面（层-2）自变量，各变量的定义见表6—3。

表6—3　　　　　　　　　　　变量选择与界定

变量	变量说明
因变量	
生产总值（Y）	亿元
县域层面自变量（层-1自变量）	
资本存量（K）	基于历年资本投入额，采用永续盘存法计算（亿元）
劳动力投入（L）	从业人员数量（万人）
非农建设用地投入（F）	年末非农建设用地面积（公顷）
市域层面自变量（层-2自变量）	
常住人口（POP）	百万人
人均生产总值（GDPPC）	万元/人
城镇化率（URB）	非农业人口/总人口（%）
政府干预（GOV）	地方政府财政支出/生产总值（%）
人均耕地面积（ALDPC）	亩/人

二　数据来源与说明

（一）县域层次变量

1. 生产总值

各县（市、区）的生产总值数据来源于各市统计年鉴（2008—2012），并统一折算至2007年的价格水平，数据来源及折算系数与本书第五章第三节中相同。

2. 固定资本存量

采用戈德史密斯1951年开创的永续盘存法估算各县（市、区）2007—2011年的固定资本存量数据，计算公式如下：

$$K_t = K_{t-1} \times (1 - \eta_t) + I_t \delta_t \qquad 式6—14$$

式6—14中，K_t为t年的资本存量，K_{t-1}为$t-1$年的资本存量，η_t为t年的折旧率，I_t为t年的投资额，δ_t为据投资品价格指数测算的t年折算系数。

在计算各县（市、区）历年固定资本存量时所涉及的变量主要为基期年资本存量、当年资本投资额、资产折旧率、投资品价格指数四项指标，各变量的选取及处理情况如下：（1）武汉城市圈于 2007 年正式成立，且本书的研究区间为 2007—2011 年，故以 2007 年为基期年，各县（市、区）的基期年资本存量采用其基期年的固定资产投资额除以 10%确定，即 $K_0 = I_0/10\%$；（2）当年资本投资额采用各县（市、区）当年的固定资产投资衡量，并按投资品价格指数折算至 2007 年价格水平，各县（市、区）历年的固定资产投资数据来源于各市统计年鉴（2008—2012）；（3）假定城市圈各县（市、区）具有相同的资产折旧率，参考张军（2003）的研究成果，取 9.6%；（4）假定城市圈各县（市、区）具有相同的投资品价格指数，并采用《湖北省统计年鉴》（2008—2012）中公布的湖北省固定资产投资价格指数进行替代，历年的湖北省固定资产投资价格指数及折算系数见表 5—4。

3. 劳动力投入

严格意义上来说，在测算劳动力投入时应充分考虑人力资本因素的影响，因为它体现了教育和所受培训对工人技能的影响以及医疗条件、营养和公共卫生对工人健康的影响。但为了简化模型，同时也考虑到此方面数据的获取不易，本书并未对此予以考虑，仅以投入绝对量来表示，具体采用各县（市、区）的从业人员数量来进行衡量。各县（市、区）的从业人员数量来源于《湖北省统计年鉴》（2008—2012），部分缺失数据来源于各市统计年鉴（2008—2012），湖北省统计年鉴与各市统计年鉴有出入的，以湖北省统计年鉴为准。

4. 非农建设用地投入

本节所指非农建设用地投入量即为各县（市、区）历年的非农建设用地总规模，历年的非农建设用地规模采用上一年度非农建设用地规模加上本年度新增建设用地占用农用地的规模计算得到（式 6—15），基期年（2007）的非农建设用地规模来源于湖北省土地利用变更调查数据。

$$F_t = F_{t-1} + C_t \qquad \text{式 6—15}$$

式 6—15 中，F_t 为 t 年的非农建设用地面积，F_{t-1} 为 $t-1$ 年的非农建设用地面积，C_t 为 t 年新增建设用地中占用农用地的面积。

（二）市域层次变量

市域层次变量中，常住人口和城镇化率的定义及数据来源与第五章第三节第二部分相同，此处不再赘述；人均耕地面积以《湖北省统计年鉴》（2008—2012）中的统计数据为准；人均生产总值水平采用全市生产总值和常住人口数据计算得到（人均生产总值＝全市生产总值/常住人口），并采用湖北省居民消费价格指数（表4—2）折算至 2007 年的价格水平；政府干预通过各市地方财政支出占全市生产总值水平的比重进行衡量（政府干预度＝全市年度地方财政支出总额/本年度全市生产总值）。人均生产总值和政府干预指标计算所需的数据均来自《湖北省统计年鉴》（2008—2012）。

三 模型分析结果

（一）零模型分析

为明确是否有构建分层模型的必要，在构建武汉城市圈经济增长分层模型前，首先对其进行零模型分析，零模型的具体形式如下：

层-1：

$$\ln Y_{ijt} = \ln A_j + r_{ij}$$

层-2：

$$\ln A_j = \varphi_{00} + u_{0j} \qquad \text{式 6—16}$$

式 6—16 中，Y_{ijt} 为 j 市 i 县在 t 年份的生产总值水平；A_j 为 j 市各县（市、区）的平均产出效率系数，由于此时并未考虑其他要素投入，故 A_j 也可看作 j 市各县（市、区）的平均生产总值水平；r_{ij} 为层-1（县层）随机成分；exp（φ_{00}）为各市县域平均技术水平的均值或各市县域平均生产总值水平的均值；u_{0j} 为层 - 2（市层）随机成分。

模型的信度估计显示，层 - 1 截距的信度为 0.755，大于 0.5，模型基本满足要求，信度越高，误差的方差越小，模型拟合的经济增长率与实际经济增长率越接近。模型固定效应和随机效应参数估计的结果及对其统计显著性水平的检验见表6—4。

零模型的固定效应显示，武汉城市圈各县（市、区）年度生产总值平均水平为 99.47 亿元（φ_{00} = 4.600，$P < 0.001$；exp（φ_{00}）= 99.47）。零模型随机效应的卡方检验显示，县域农地城市流转规模在各市间存在显著极显著差异（$P < 0.001$），即市域因素对其辖区内各县（市、区）的经济增长有很大的影响，在层 - 2模型中增加一些市域特征变量很有必要。

表6—4 零模型分析结果

固定效应及显著性检验				随机效应及显著性检验			
参数	回归系数	T	P	参数	方差成分	Chi	P
φ_{00}	4.600	44.596	<0.001	u_{00}	0.2895	153.698	<0.001
				r_{ij}	0.4973		

据组内相关系数的计算公式计算得到零模型的组内相关系数为 0.2895/（0.2895 + 0.4973）= 0.3680，即武汉城市圈各县（市、区）经济增长的差异有 36.80% 为市际差异，余下 63.20% 的差异则为市内差异。由此可见，尽管县域差异是造成各县生产总值水平差异的主要原因，但市域层面因素对其的影响也不容小觑。

（二）半条件模型分析

开展半条件模型分析的目的在于对各层变量进行初步筛选，以简化完整模型的分析过程。据以均值为结果的模型的分析，剔除了政府干预（GOV）和人均耕地面积（ALDPC）两个层 - 2指标，保留市域常住人口（POP）、人均生产总值（GDPPC）和城镇化率（URB）三个层-2变量留待完整模型中进一步检验。由于层-1模型为索洛经济增长模型，已经得到普遍认可，在进行随机系数模型分析时并未对其变量进行筛选。最终进入模型的层-1、层-2变量的描述性统计见表6—5。

表6—5　　　　　　　　　　**变量的描述性统计**

变量	单位	样本数量	均值	标准差	最小值	最大值
因变量						
Y	亿元	210	184.82	487.93	12.95	4063.28
层-1变量						
K	亿元	210	756.02	2078.61	90.09	15536.47
L	万人	210	39.23	41.79	0.72	292.08
F	公顷	210	14794.61	9052.24	1539.63	46855.55
层-2变量						
POP	百万人	35	4.30	2.68	1.03	10.02
$GDPPC$	万元/人	35	2.30	1.28	0.71	5.85
URB	%	35	44.58	0.14	25.42	68.07

1. 以均值为结果模型分析

以均值为结果模型的最终形式如下，其固定效应和随机效应参数的估计结果及其统计显著性水平检验的结果见表6—6。

层-1：

$$\ln Y_{ijt} = \ln A_j + r_{ij}$$

层-2：

$$\ln A_j = \varphi_{00} + \varphi_{01} \times GDPPC_{jt} + \varphi_{02} \times URB_{jt} + \varphi_{03} \times POP_{jt} + u_{0j}$$

式6—17

式6—17中，$GDPPC_{jt}$为j市在t年份的人均生产总值水平；

URB_{jt}为j市在t年份的城镇化水平；POP_{jt}为j市在t年份的常住人口规模；φ_{01}、φ_{02}、φ_{03}分别为市域人均生产总值、城镇化水平和常住人口数量对$\ln A_j$的影响；其他变量的含义与零模型相同。

表 6—6　　　　　　　　　以均值为结果模型分析结果

固定效应	回归系数	T	P
$INTRCPT_1$，β_0			
$INTRCPT_2$，φ_{00}	3.717	17.340	<0.001
$GDPPC$，φ_{01}	0.364	6.627	<0.001
URB，φ_{02}	−0.548	−0.897	0.038
POP，φ_{03}	0.057	3.522	0.001

随机效应	标准差	方差成分	χ^2	P
$INTRCPT_1$，u_0	0.033	0.001	40.955	0.109
Level−1，r	0.726	0.527		

　　以均值为结果模型的固定效应显示，市域人均生产总值水平和常住人口数量与其辖区内各县（市、区）的社会经济发展水平显著正相关；市域城镇化水平与其辖区内各县（市、区）的社会经济发展水平显著负相关。对比以均值为结果模型与零模型的随机效应，计算得到层−2方差的缩减比例为（0.2895−0.001）/0.2895＝0.9965，表明市域人均生产总值水平、常住人口和城镇化水平解释了市间的县域生产总值水平差异的99.65%。以均值为结果模型的组内条件相关系数为0.001/（0.001＋0.527）＝0.0019，即在控制了市域人均生产总值水平、常住人口规模和城镇化水平后，市间差异占总方差的比例将缩减为0.19%。

　　2. 随机系数模型分析

　　随机系数模型分析结果是度量完整模型中层−2变量解释能力的重要参照，具体形式如式6—18。对其固定效应和随机效应参数的估计及统计显著性水平检验情况见表 6—7。

层-1：

$$\ln Y_{ijt} = \ln A_j + a_{1j}\ln K_{ijt} + a_{2j}\ln L_{ijt} + a_{3j}\ln F_{ijt} + r_{ij}$$

层-2：

$$\ln A_j = \varphi_{00} + u_{0j}$$

$$a_{pj} = \varphi_{p0} + u_{pj}, \quad p = 1, 2, 3 \qquad\qquad 式 6—18$$

式 6—18 中，K_{ijt} 为 j 市 i 县在 t 年份的资本存量；L_{ijt} 为 j 市 i 县在 t 年份的劳动力投入量；F_{ijt} 为 j 市 i 县在 t 年份的非农建设用地总规模；a_1、a_2、a_3 分别为资本存量、劳动力投入量和非农建设用地对经济增长的弹性系数；φ_{p0} 为七市（省直管市）县域资本存量、劳动力投入和非建设用地对经济增长的平均弹性系数；u_{pj} 为与 j 市对应的本市县域资本存量、劳动力投入和非农建设用地经济增长平均产出弹性的特征增量。

模型的固定效应显示，武汉城市圈七市（省直管市）的县域平均产出效率系数均值为 100.54（$\varphi_{00} = 4.611$，$P<0.001$，exp(4.611) = 100.54）；县域资本存量对经济增长的平均产出弹性为 0.647（$\varphi_{10} = 0.647$，$P<0.001$）；县域劳动力投入对经济增长的平均产出弹性为 0.495（$\varphi_{20} = 0.495$，$P<0.001$）；县域非农建设用地投入对经济增长的平均产出弹性为 −0.159（$\varphi_{30} = -0.159$，$P<0.05$）。也就是说，以 2007—2011 年武汉城市圈 7 市（省直管市）的县域经济增长平均水平来看，县域资本存量每增加 1%，其生产总值水平增加 0.647%；县域从业人员数量每增加 1%，其生产总值水平增加 0.495%；县域农地城市流转规模每增加 1%，其生产总值水平下降 0.159%。2007—2011 年，武汉城市圈县域生产总值的平均增长幅度为 85.29%，资本存量的平均增长幅度为 31.70%，劳动力平均增长幅度为 6.10%，非农建设用地平均增长幅度为 7.28%，由式 6—11 可计算得到，城市圈资本存量增加对经济增长的贡献为 24.05%，劳动力增长对经济增长的贡献

为 3.55%，非农建设用地规模扩张对经济增长的贡献为-1.36%。除科技进步外，城市圈内县域经济增长的最大推力来自于资本投入，劳动力投入也起到了少量贡献，而非农建设用地投入则表现为少量负贡献，表明在 2007—2011 年武汉城市圈整体的县域平均农地城市流转水平已经过度，存在非农用地资源的浪费，进一步推进农地城市流转进程并不能带来更多的经济增长，与第四章脉冲分析的结果一致。

表 6—7　　　　　　　　　　随机系数模型分析结果

固定效应	回归系数	T	P
$INTRCPT_1$，β_0			
$INTRCPT_2$，φ_{00}	4.611	44.576	<0.001
$\ln K\ slop$，β_1			
$INTRCPT_2$，φ_{10}	0.647	19.365	<0.001
$\ln L\ slop$，β_2			
$INTRCPT_2$，φ_{20}	0.495	9.102	<0.001
$\ln F\ slop$，β_3			
$INTRCPT_2$，φ_{30}	-0.159	-2.288	0.028

随机效应	标准差	方差成分	χ^2	P
$INTRCPT_1$，u_0	0.612	0.374	1118.407	<0.001
$\ln K\ slop$，u_1	0.072	0.005	30.639	0.164
$\ln L\ slop$，u_2	0.151	0.023	25.529	0.377
$\ln F\ slop$，u_3	0.283	0.080	25.959	0.355
Level-1，r	0.239	0.057		

注：$P<0.01$，极其显著；$P<0.05$，显著；$P<0.2$，一般显著。

随机系数模型的随机效应显示，县域产出效率系数在城市圈内存在极显著差异；资本存量投入对经济增长的贡献在城市圈内有显著差异；劳动力和非农建设用地投入对经济增长的贡献在城市圈内的差异则不明显，表明城市圈内县域经济增长的差异主要来源于各县（市、区）科技水平和资本投入的差异。

（三）完整模型分析

据以均值为结果模型的分析结果，将市域人均生产总值水平、城镇化水平和常住人口规模三个变量纳入随机系数模型，构建完整模型，并采用逐步回归的方法对其进行了进一步筛选，筛选后的完整模型最终形式如式6—19。其固定效应和随机效应的参数估计及其统计显著性检验结果见表6—8。

层-1：

$$\ln Y_{ijt} = \ln A_j + a_{1j}\ln K_{ijt} + a_{2j}\ln L_{ijt} + a_{3j}\ln F_{ijt} + r_{ij}$$

层-2：

$$\ln A_j = \varphi_{00} + \varphi_{01} \times GDPPC_j + \varphi_{02} \times URB_j + \varphi_{03} \times POP_j + u_{0j}$$

$$a_{1j} = \varphi_{10} + \varphi_{11} \times GDPPC_j + \varphi_{12} \times URB_j + u_{1j}$$

$$a_{2j} = \varphi_{20} + \varphi_{21} \times GDPPC_j + \varphi_{12} \times URB_j + u_{2j}$$

$$a_{3j} = \varphi_{30} + \varphi_{31} \times GDPPC_j + \varphi_{32} \times URB_j + \varphi_{33} \times POP_j + u_{3j}$$

式 6—19

表6—8　　　　　　　　　　完整模型分析结果

固定效应	回归系数	T	P
$INTRCPT_1$, β_0			
$INTRCPT_2$, φ_{00}	4.051	13.121	<0.001
$GDPPC$, φ_{01}	0.406	5.862	<0.001
URB, φ_{02}	−1.517	−1.810	0.080
POP, φ_{03}	0.069	5.717	<0.001
$\ln K\ slop$, β_1			
$INTRCPT_2$, φ_{10}	0.878	10.242	<0.001
$GDPPC$, φ_{11}	0.105	2.574	0.015
URB, φ_{12}	−1.044	−3.073	0.004
$\ln L\ slop$, β_2			
$INTRCPT_2$, φ_{20}	−0.299	−1.557	0.129

续表

固定效应	回归系数	T	P
$GDPPC, \varphi_{21}$	-0.325	-5.406	<0.001
URB, φ_{22}	3.313	5.222	<0.001
$\ln F\ slop, \beta_3$			
$INTRCPT_2, \varphi_{30}$	0.373	2.920	0.006
$GDPPC, \varphi_{31}$	0.296	5.587	<0.001
URB, φ_{32}	-2.492	-4.753	<0.001
POP, φ_{33}	-0.031	-1.513	0.140

随机效应	标准差	方差成分	χ^2	P
$INTRCPT_1, u_0$	0.398	0.158	214.024	<0.001
$\ln K\ slop, u_1$	0.029	0.001	27.146	0.205
$\ln L\ slop, u_2$	0.201	0.040	14.770	>0.500
$\ln F\ slop, u_3$	0.167	0.028	14.060	>0.500
Level-1, r	0.237	0.056		

完整模型的固定效应显示，城市圈七市（省直管市）的县域平均产出效率会随着其所在市人均生产总值水平和常住人口规模的增加而有所提升（$\varphi_{01}=0.406$，$P<0.001$；$\varphi_{03}=0.069$，$P<0.001$），但会受到市域城镇化水平提升的负向推动作用（$\varphi_{02}=-1.517$，$P<0.2$），武汉城市圈内人均生产总值水平较高、常住人口规模较大的市，其辖区内各县（市、区）拥有相对较高的要素平均产出效率。县域资本存量对其经济增长的平均产出弹性为正（$\varphi_{10}=0.878$，$P<0.001$），且会随着市域人均生产总值水平的提升而进一步增加（$\varphi_{11}=0.105$，$P<0.05$），随着市域城镇化水平的提升而有所降低（$\varphi_{12}=-1.044$，$P<0.01$），经济增长对于资本存量的增加反应敏感，资本对经济增长的贡献在人均生产总值水平越高的市越突出。劳动力投入对经济增长的平均产出弹性为负（$\varphi_{20}=-0.299$，$P<0.2$），且会随着所在市的人均生产总值水

平的增加而进一步降低（$\varphi_{21} = -0.325$，$P < 0.05$），随着市域城镇化水平的提升而有所增加（$\varphi_{22} = 3.313$，$P < 0.05$），劳动生产率的提升并未对武汉城市圈经济增长起到促进作用，这可能与研究采用直接采用从业人口数量来代替劳动力投入并未考虑劳动力素质有关，也从侧面说明了城市圈内的从业人员素质有待进一步提升。非农建设用地对经济增长的平均产出弹性为正（$\varphi_{30} = 0.373$，$P < 0.01$），且会随着所在市人均生产总值水平的提升而进一步加大（$\varphi_{31} = 0.296$，$P < 0.001$），但会随着市域城镇化水平和常住人口规模的增加而降低（$\varphi_{32} = -2.492$，$P < 0.001$；$\varphi_{31} = -0.031$，$P < 0.2$）。这表明，社会经济水平越高的地区其农地城市流转效率也越高，但随着城镇化水平的提升和常住人口规模的增加，农地城市流转边际效率则呈下降趋势。

完整模型的随机效应显示，引入市域人均生产总值、城镇化率和常住人口三个层-2变量后，县域资本存量、劳动力投入和非农建设用地投入三个层-1变量的随机效应均未通过显著性检验，这表明三个层-2变量的引入对各县（市、区）资本、劳动力和非农建设用地的产出弹性差异进行了很好的解释，无须再添加更高层次的变量。

对比随机系数模型与完整模型的分析结果，计算得到层-1各随机系数的方差消减比例，见表6—9。结果显示，在引入市域人均生产总值、城镇化水平和常住人口规模三个市域指标后，县域平均产出效率系数差异的方差消减比例为57.74%，县域非农建设用地投入对经济增长产出弹性差异的方差消减比例为65.31%；引入市域人均生产总值和常住人口规模两个市域指标后，县域资本存量对经济增长产出弹性差异的方差消减比例为84.32%；劳动力投入对经济增长产出弹性差异的方差消减比例为82.25%。

表6—9　　　　市域层次变量所解释的方差成分及比例

变量	无条件方差	条件方差	方差消减比（%）
u_0	0.347	0.158	57.74
u_1	0.005	0.001	84.32
u_2	0.023	0.004	82.25
u_3	0.080	0.028	65.31

四　实证分析结论与讨论

（1）武汉城市圈县域经济增长的差异有 63.20% 是由市内差异造成的，即是由各市辖区内县（市、区）的差异造成的；有 36.80% 是由市际差异造成的，即七市（省直管市）间的差异，市域整体社会经济环境对其辖区内各县（市、区）经济增长的影响不容忽视。

（2）就武汉城市圈七市（省直管市）2007—2011 年的县域经济增长对各要素投入的敏感度来看，县域资本存量每增加 1% 会带来 0.647% 的经济增长；县域从业人员数量每增加 1% 会带来 0.495% 的经济增长；而非农建设用地每扩张 1% 则会带来经济总量 0.159% 的缩减。城市圈县域经济增长对于资本要素的投入最为敏感，对劳动力要素的投入次之，而非农建设用地投入则反而会抑制经济增长。五年间农地城市流转对城市圈县域经济增长的平均贡献为 -1.36%，城市圈已存在非农建设用地资源浪费、农地城市流转过度的情况，未来社会经济发展过程中不能盲目地继续推动农地城市流转，而应将更多的精力放在现有非农业用地的内部挖潜上。

（3）武汉城市圈内人均生产总值水平较高、常住人口规模较大的市，其辖区内各县（市、区）的要素产出效率相对较高，但市域城镇化水平的提升与辖区内各县（市、区）的全要素生产率在统计学上却呈负向关系。市域人均生产总值水平较高的市，其辖区内各县（市、区）的资本产出弹性相对较高，但县域资本的产出弹性与市域城镇化水平呈负向关系。市域人均生产总值水平较高的市，其辖区内各县（市、区）的劳动力投入产出弹性系数反而相对更低，市域城镇化水平的提升，有利于县域劳动力投入产出弹性系数的增加，但城市圈县域劳动力平均产出弹性系数为负，劳动力素质有待提升。县域非农建设用地对经济增长的产出弹性在社会经济发展水平较高的市相对较高，而在城镇化率和常住人口较高的市则相对较低。

（4）武汉城市圈的县域平均产出效率系数差异有 57.74% 是由所在市的人均生产总值水平、城镇化率和常住人口规模差异造成的；县域资本存量对其经济增长贡献率的差异有 84.32% 是由所在市的人均生产总值水平和常住人口规模差异造成的；县域劳动力投入对其经济增长贡献率的差异有 82.25% 是由所在市的人均生产总值水平和常住人口规模差异造成的；县域非农建设用地投入对其经济增长贡献率的差异有 65.31% 是由所在市的人均生产总值水平、城镇化率和常住人口规模差异造成的。

第四节　本章小结

本章基于资源配置理论，分析了市场机制和政府配置下的农地城市流转及其效率损失，指出了我国现行农地城市流转资源配置情况及其效率的空间不均衡性；提出了农地城市流转资源配置的空间均衡条件。以武汉城市圈为例，通过基尼系数和泰尔指数分解对农地城市流转对经济增长贡献的空间差异进行了量度，并对差异的主要来源在县域和市域空间尺度下进行了分解。将分层线性模型思想与 C-D 生产函数相结合，构建同时包括多个空间尺度因素的生产函数模型，对城市圈县域尺度农地城市流转对经济增长的贡献及市域尺度因素对其的影响进行了分析。研究显示：武汉城市圈农地城市流转对经济增长贡献的差异主要表现为市内差异，市间差异占比较小但却呈持续增加态势，年度农地城市流转指标分配主要表现为县域上的空间配置严重不合理，市域上的空间配置不合理度则有增加的风险；城市圈经济增长在空间分布上与农地城市流转一样既表现出了较强的县域空间差异性，同时也体现了市域积聚性，市域因子对各县（市、区）农地城市流转的经济增长贡献具有相当的解释能力；市域社会经济发展水平的提升有助于增加其辖区内县域农地城市流转对经济增长的正向贡献，但市域人口规模和城市化水平的提升则对其具有负向影响。

第七章

结论与讨论

第一节　主要结论

一　农地城市流转与经济增长存在长期均衡和短期波动关系

2007—2011 年，武汉城市圈城市建设用地和经济水平共同呈现出了加速增长的态势，其中，城市建设用地由 601329.33 公顷增加至 645111.42 公顷，增幅为 7.28%，年均增长率为 1.77%；实际 GDP 由 5556.74 亿元增加至 10296.29 亿元，增幅为 85.29%，年均增长率为 16.67%。从其增长速率的空间分布来看，武汉城市圈农地城市流转与经济增长速率都在县域尺度上表现出了较大的差异，且两者在空间分布上具有一定的趋同性，都表现为距武汉市越近，速度越快。经济增长速度较快的地方，农地城市流转速率也相对较高；农地城市流转较快的地区，其经济增长速度也相对较快，两者的相关关系明显。

为进一步验证两者的关系，本书第四章基于 2003—2011 年城市圈的农地城市流转和经济增长数据，以时间序列数据检验、误差修正模型和脉冲响应分析为手段，对两者关系进行了实证研究，研究结果显示：武汉城市圈农地城市流转与经济增长间存在长期均衡和短期波动关系，短期波动服从于长期均衡；无论是在短期波动还是长期均衡态势下，农地城市流转和经济增长都表现出了较为明显的相互正向驱动作用；武汉城市圈农地城市流转对经济增长的贡献力明显弱于经济增长对其的驱动力，若通过农地城市流转的手段来促进经济增长，其成效将相对有限，盲目推动农地城市流转可能并不能为城市圈带来与我们期望相符的经济增长。

二　大尺度因素会影响小尺度农地城市流转和经济增长机制

农地城市流转与经济增长具有明显的空间差异性和空间积聚性。以武汉城市圈为例的实证研究显示，2007—2011 年，城市圈县域年度农地城市流转规模的差异有 61.99% 表现为市内差异（县域差异），38.01% 表现为市间差异（市域差异）；县域经济增长有 63.20% 表现为市内差异，36.80% 表现为市间差异，市域因素对其辖区内各县（市、区）的农地城市流转和经济增长规模具有相当的影响作用，对县域农地城市流转和经济增长相互作用机制的研究必须纳入对市域因素的考量。

三　经济增长对农地城市流转的驱动力存在明显尺度效应

经济增长会刺激投资和消费量的增加，从而带来更大的社会总产品需求，更大的产品需求需要更大的生产规模，造成作为生产生活空间基础的土地资源需求量（主要为非农业土地需求量）的增加。经济增长通常伴随着产业结构的升级，即第一产业的比重逐渐降低，第二、第三产业比重逐渐增加，第二、第三产业比重的增加意味着土地资源在非农产业的分配比重增加，从而引发农地城市流转。考虑到大尺度因素对小尺度农地城市流转驱动机制的影响，本书第五章基于多层次建模技术，构建了农地城市流转分层驱动模型，对不同尺度经济增长对农地城市流转的驱动作用进行了测度。模型估计结果显示，2007—2011 年，武汉城市圈各县（市、区）的 GDP 每增加 1 亿元约会带来 1.279 公顷的农地城市流转；市域 GDP 每增加 1 亿元，其辖区内各县（市、区）的县域农地城市流转规模均值约会增加 0.087 公顷。从市域经济增长对县域农地城市流转驱动机制的影响来看，市域经济增长会强化县域经济增长对农地城市流转的正向驱动，弱化县域城镇土地比较收益对农地城市流转的正向驱动，强化县域距武汉市中心的距离对农地城市流转的抑制作用。

四 市内差异是武汉城市圈农地城市流转资源配置空间失衡的主要原因

农地城市流转资源配置的空间均衡即指区域内不同空间、不同方式的土地利用边际收益相等，是一种空间帕累托状态。在市场机制下，农地城市流转行为会优先在能带来更大收益的地区进行，从而自发地实现空间配置均衡。但我国现行农地城市流转资源配置为政府配置方式，各地区农用地的可流转规模是通过各级政府层层分解分配到地方的，这样做虽然更有利于农用地保护，但也容易造成农地城市流转效益的空间差异，即空间配置不均衡。

本书第六章以单位农地城市流转对应 GDP 增长量为县域农地城市流转对经济增长贡献的初步衡量指标，并通过计算基尼系数和泰尔指数对武汉城市圈农地城市流转对经济增长贡献的空间差异进行测度。基尼系数的计算结果显示，武汉城市圈县域农地城市流转对经济增长贡献的基尼系数均高于 0.4，即具有较大差异，差异最大的 2007 年的基尼系数值甚至高达 0.755。泰尔指数及其分解的结果显示，城市圈农地城市流转对经济增长贡献的差异主要表现为市内差异（县域差异），市际差异占总差异的比重仅为 10% 左右，城市圈在调控农地城市流转指标分配、提高城市建设用地利用率、缩小地区差距时，应将重点放在各市内部的县域指标调控上。市际差异在总差异中的比重虽小，但却呈增加趋势，对市域尺度下的农地城市流转指标分配也应给予一定的关注。

从各市县域差异占总差异的比重来看，五年间变化较大，2007 年的县域差异主要表现为武汉市内各县（市、区）的差异，占总差异的 87.60%，而 2011 年武汉市县域差异占总差异的比重仅为 6.32%；辖区内县域差异占总差异比重上升最快的是咸宁市和黄石市，两市县域差异占总差异的比重在 2007 年分别为 3.16% 和 0.06%，而 2011 年这一比例则上升至 60.84% 和 11.60%。城市圈内原本社会经济发展水平较高的武汉市，随着城市圈建设的推进土地利用效率县域均衡性有所提升；而原本社会经济发展水平较低的市，在城市圈建设过程中基础设施条件相对较好的主城区得到了优先发展，市内的土地利用效率差距拉大。

五 大尺度因素对小尺度农地城市流转的经济增长贡献有明显影响

对于农业生产而言，土地是不可替代和不可或缺的生产资料，对生产的作用是直接的；对于非农业生产而言，土地并不直接参与生产，而是为生产活动提供必要的空间和场所，对生产的作用是间接的。因此，农地城市流转对经济增长贡献的方式表现为农地城市流转带来建设用地规模的扩张，建设用地规模的扩张刺激投资增加，投资的增加会带来社会的物质资本存量的上升，从而引发经济增长。但投资的变化不应只看其增加的数量，还应看其增加投资的质量，农地城市流转所引致的投资数量和质量共同决定了其对经济增长的贡献。考虑到有近四成的县域尺度经济增长水平差异属于市间差异，本书第六章采用 C-D 生产函数和分层线性模型相结合的方式构建了包含土地要素在内的跨尺度经济增长模型，对县域农地城市流转对经济增长的贡献率及市域因素对其贡献率的影响进行了测算。模型估计结果显示，就武汉城市圈整体县域平均水平来看，城市建设用地的产出弹性系数为 -0.159，即城市建设用地规模每增加 1%，经济总量反而会缩减 0.159%，武汉城市圈存在城市建设用地资源浪费和农用地过度城市流转的现象。市域经济水平的提升对其辖区内各县（市、区）非农建设用地经济产出弹性具有正向的推动作用，即武汉城市圈经济水平越高的市，其辖区内各县（市、区）非农建设用地的产出效率越高，农地城市流转对经济增长的贡献越明显；但市域城镇化率和常住人口规模的提升则与其辖区内各县（市、区）非农建设用地的平均产出弹性呈负向相关关系，即会抑制农地城市流转对经济增长的贡献。

第二节　相关政策建议

一　构建农用地外部性补偿机制

综合考虑农用地保有的正外部性和流转的负外部性，通过构建外部性补偿机制将农地城市流转所引发的外部性损失纳入流转成本之中，内化外部性，从而更有效地保护农用地资源，实现农地城市流转资源的最优配置。当前我国采用政府配置农地城市流转资源的主要原因在于防止农用地过度流转、保护农用地资源、保障粮食安全，但其在实施过程中并未取得与预期相符的效果。由于农用地和城市用地比较收益的存在，各地方政府为本地区经济发展计，往往会想尽方法增加本地区的流转指标。以基本农田保护为例，由于《基本农田保护条例》中明确规定"基本农田一经划定，任何单位和个人不得改变或占用，国家能源、交通、水利、军事设施等重点建设项目选址确实无法避开基本农田保护区，需要占用基本农田，涉及农用地转用或者征用土地的，必须经国务院批准"。各地为保证今后发展过程中非农建设用地供给，在划定基本农田的时候往往"划远不划近"、"划劣不划优"，保护政策的实施并未起到抑制农地城市流转和保护耕地的效果，反而使得一些原本应该划入基本农田保护区进行保护的农田未得到保护。

宏观方面，在现有一系列农业补贴政策的基础上增加对农用地正外部性的补偿，加大对从事农业生产农民的补贴力度，提高农民收入，从而削弱其自发流转意愿；微观方面，构建包含外部性价值在内的新的农用地价值评估体系，对农用地价值进行全面估算，用地方征收农用地的时候必须对其全面价值进行补偿，而不是像现在这样按年产值的倍数进行补偿，增加用地方的用地成本，充分调动市场机制的作用抑制城市建设用地需求，促进用地方提升对已流转土地的利用效率。

二　改革现有政绩考核机制

我国现行对各级政府领导班子的政绩考核普遍存在将政绩与经济建设画等号的现象，很多地方对官员的政绩考核就是看其任期内的 GDP 增长、招商引资的规模和财政收入水平等，对于教育、文化、卫生和环保等领域的考核形同虚设。由于在 GDP 核算体系中只能体现农用地的生产价值，不能体现其外溢的非市场价值，而建设用地的生产价值普遍高于农用地，因此，一般来说农地城市流转意味着更高的 GDP 增长。地方政府是农地城市流转收益的最大获利方，超过六成的农地城市流转纯收益都流入了地方政府，部分地区土地有偿使用费已占到本地区财政总收入的25%—50%，少数城市的个别时期甚至达到了80%。低价供地是不少地区提升本地区招商引资竞争力的手段之一，在那些社会经济发展、基础设施建设和科技水平相对落后的地区通过低价供地招商引资的现象普遍存在。在偏重经济指标的政绩考核体系下，地方政府具有强烈的农地城市流转意愿，本应地方政府发挥的农地城市流转监管作用缺位。构建新的评估体系将政绩考核中与农地城市流转有关的环境保护、生物多样性、粮食安全等内容进行量化，并赋予其与 GDP、招商引资等考核指标相等的比重，以激发地方政府保护农用地的积极性，防止农用地无序、过度流转，强化社会发展的可持续性。

三　完善土地市场出让制度，规范政府供地行为

1990 年《中华人民共和国城镇国有土地使用权出让和转让暂行条例》的出台结束了我国的单一行政划拨供地制度，土地市场出让制度初步建立。但各地区为本地招商引资计，在供地的时候仍主要采用划拨形式，有偿出让的部分也以协议出让为主，直到《关于加强国有土地资产管理的通知》（2001）、《招标拍卖挂牌出让国有土地使用权规定》（2002）等相关政策的出台，才使得地方政府有偿出让土地使用权的积极性有所提升，但同时也造成了部分地区地方政府的"土地财政"问题。2004 年以后，国家相继出台一系列文件①，对国有土地使用权招拍挂情况进行专项清理，并要求各地区将国有土地使用权出让收入统一纳入基金预算管理，土地使用权出让制度基本建立。只是由于地方政府的习惯性垄断配置偏好且缺乏独立的监管主体，使得制度的执行效果不尽如人意，随意减免或缓交土地出让金、先商定价格再进行招拍挂的现象时有发生。

完善土地市场出让制度。首先，信息的社会化服务是培育和规范市场的基础，因此土地市场出让制度的完善要构建实时透明的信息公开机制，对每一宗地的征收和出让过程实时公开，并向公众提供土地信息查询服务。其次，应保障价格机制的基础作用，

---

① 《关于继续开展经营性土地使用权招标拍卖挂牌出让情况执法监察工作的通知》（国土资发〔2004〕71 号）、《关于规范国有土地使用权出让收入管理的通知》（国办发〔2006〕100 号）、《关于开展国有土地使用权出让情况专项清理工作的通知》（监发〔2007〕6 号）、《关于继续开展国有土地使用权出让情况专项清理和检查工作的通知》（监发〔2008〕6 号）、《关于加强土地出让收支预算编制工作的通知》（财综〔2008〕74 号）。

让更广泛的权利主体，尤其是农民主体参与到土地出让的议价过程中，确保土地价值在出让价格中得到充分体现。再次，将新增建设用地的供应和出让都纳入土地市场中，充分发挥价格机制在土地资源配置中的作用。最后，构建独立的第三方监管机构，对土地出让行为进行全过程监管，改变当前供地主体与监管主体重合的现象，规范政府供地行为。

四　实行差异化的农地城市流转和经济增长政策

农地城市流转对经济增长的贡献具有很强的县域差异，但这一差异在农地城市流转资源配置的过程中并未得到过多的考虑，从而弱化了农地城市流转对经济增长的作用。因此，在未来推进农地城市流转和经济增长的过程中，应充分考虑农地城市流转对经济增长作用的空间差异，发挥各地区的比较优势，以缓解农用地保护与农地城市流转、经济增长间的矛盾。具体思路是：在保障本地区粮食安全农用地规模的前提下，对于农地城市流转对经济增长贡献较高的地区，优先向其分配农地城市流转指标；对于农地城市流转对经济增长贡献较低的地区，优先保护农用地，发展现代农业；此外，构建区域财政转移支付机制，优先农地城市流转地区要对被抑制农地城市流转地区进行补偿；各地区的干部考核机制等也要有所调整，对于优先农地城市流转地区适当加大对其的经济指标考核力度，而对于优先保护农用地的地区则可适当削弱对其经济指标的考核力度，重点考察其粮食安全、生态环境保护等相关指标。具体到武汉城市圈，由于其农地城市流转对经济增长的贡献主要表现为市内差异而非市际差异，城市圈农地城市流转效率的提升和空间均衡的实现应重点放在市级农地城市流转指标在其辖区内各县（市、区）的分配上。各市农地城市流转在县域范围内的分配在保障全市农地保护指标完成的前提下，应优先分配在农地城市流转效率较高的县（市、区），已流转农用地在各项目的分配上则应充分发挥市场机制的功能，严格执行"土地招拍挂"制度，优先供给那些能带来更高经济效益的项目。

第三节　研究不足与展望

基于理论和实证分析，本书就农地城市流转与经济增长关系及其空间尺度效应得到了一些结论，并结合实证研究区域实际情况提出了相关政策建议，但这仅是研究的开始。受研究条件和个人水平的限制，研究中仍存在一些不足和未解决的问题，需要在后续研究工作中进行解决。

（1）尺度效应包括时间尺度效应和空间尺度效应两个方面的内容，但本书在对农地城市流转与经济增长交互作用尺度效应进行研究的过程中仅考虑了空间尺度效应，未对其时间尺度效应进行考量。由于实证研究区域（武汉城市圈）的成立时间尚短，研究只涉及五年期数据，故未考虑时间序列的问题，将不同年份的情况分别作为单独个体进行考虑，这样的处理有效地简化了模型，使得二层模型就可以满足研究的需求。但这种处理方式仅限于时间序列较短的情况，若时间序列较长，则必须对其进行讨论。未来可尝试收集更长的时间序列的数据，通过构建三层模型，对农地城市流转和经济增长交互作用的时间和空间尺度效应同时进行讨论。

（2）本书对农地城市流转与经济增长关系空间尺度效应的讨论仅局限于大空间尺度因素对小空间尺度下两者交互作用过程的影响，未对小尺度因素集聚作用对大空间尺度下两者交互作用过程的影响进行研究。而实际上不仅大尺度因素会作用于小尺度过程，小尺度因素也会通过集聚作用作用于大尺度过程。未来可尝试从小尺度的集聚作用方面进行讨论，进一步完善对空间尺度效应的研究。

（3）农用地具有较强的非市场价值，这一点已在学术界得到了普遍认可和重视，且已有不少国家在农用地转用方面引入了对这部分价值的考量。本书考虑到当前的农地非市场价值仍存在较大争议，未将其纳入讨论。城市建设用地的比较收益远高于农用地，因此农地城市流转能带来社会生产总值（GDP）的增加，但同时也带来了非市场价值的减少，即社会生产总值的隐形缩水，未将这部分隐形缩水进行测算可能会造成农地城市流转对经济增长作用的高估，引发结果的偏差。未来可将这部分价值纳入GDP的测算中，用绿色GDP作为经济增长的衡量指标，对两者的关系重新进行讨论。

（4）受数据获取问题的限制，本书仅在武汉城市圈范围内进行了实证研究，研究结果仅能代表武汉城市圈这个小区域内的情况，得出的结论也不具有普遍性。一般来说，大空间尺度规模的研究更能揭示土地利用/覆被变化与各影响因子间的相互作用关系，未来可考虑在更大空间尺度下进行研究，以期得出更具普遍性和一般性的规律和结论。

（5）本书在讨论农地城市流转对经济增长作用时所构建的农地城市流转分层驱动模型对于现有农地城市流转驱动机制相关研究来说也是一次较新的尝试，但在实证研究中构建此模型时对于一些可能影响因素的考虑并不够系统、全面，一些可能的影响因素并未被纳入讨论，如土地出让收益、土地征收成本、农地保护相关政策的执行力度等。未来随着政府信息的公开，如能获取此方面的数据，可进一步完善对农地城市流转经济驱动机制的研究。

附　录

一　农地城市流转分层驱动模型数据分析结果

（一）零模型分析

Program：	HLM 7 Hierarchical Linear and Nonlinear Modeling
Authors：	Stephen Raudenbush，Tony Bryk，& Richard Congdon
Publisher：	Scientific Software International，Inc.（c）2010
	techsupport@ ssicentral. com
	www. ssicentral. com
Module：	HLM2S. EXE（7. 00. 21103. 1002）
Date：	29 November 2013，Friday
Time：	12：20：57

Specifications for this HLM2 run

Problem Title：no title

The data source for this run = zhy. mdm

The command file for this run = C：\ Users \ ADMINI~1 \ AppData \ Local \ Temp \ whlm-temp. hlm

Output file name = C：\ Users \ Administrator \ Desktop \ ZHY \ hlm2. html

The maximum number of level-1 units = 210

The maximum number of level-2 units = 35

The maximum number of iterations = 100

Method of estimation：restricted maximum likelihood

The outcome variable is CONLAND

Summary of the model specified

Level-1 Model

$CONLAND_{ij} = \beta_{0j} + r_{ij}$

Level-2 Model

$\beta_{0j} = \gamma_{00} + u_{0j}$

Mixed Model

$CONLAND_{ij} = \gamma_{00} + u_{0j} + r_{ij}$

Final Results - Iteration 6

Iterations stopped due to small change in likelihood function

$\sigma_2 = 57207.45344$

τ

| $INTRCPT_1$, β_0 | 37305.582 |

Random level-1 coefficient	Reliability estimate
$INTRCPT_1$, β_0	0.775

The value of the log-likelihood function at iteration 6 = -1.469247E+003

Final estimation of fixed effects:

Fixed Effect	Coefficient	Standard error	t-ratio	Approx. d. f.	p-value
For $INTRCPT_1$, β_0					
$INTRCPT_2$, γ_{00}	225.208	37.089	5.549	34	<0.001

Final estimation of fixed effects (with robust standard errors)

Fixed Effect	Coefficient	Standard error	t-ratio	Approx. d. f.	p-value
For $INTRCPT_1$, β_0					
$INTRCPT_2$, γ_{00}	225.208	36.550	5.776	34	<0.001

Final estimation of variance components

Random Effect	Standard Deviation	Variance Component	d. f.	χ_2	p-value
$INTRCPT_1$, u_0	193.147	41878.932	34	169.07	<0.001

续表

level-1, r	239. 181	68294. 909			

Statistics for current covariance components model

Deviance = 2938. 494822

Number of estimated parameters = 2

（二）以均值为结果模型

Program:	HLM 7 Hierarchical Linear and Nonlinear Modeling
Authors:	Stephen Raudenbush, Tony Bryk, & Richard Congdon
Publisher:	Scientific Software International, Inc. （c）2010
	techsupport@ ssicentral. com
	www. ssicentral. com
Module:	HLM2S. EXE （7. 00. 21103. 1002）
Date:	11 December 2013, Wednesday
Time:	12: 48: 40

Specifications for this HLM2 run

Problem Title: no title

The data source for this run = zhy. mdm

The command file for this run = C: \ Users \ ADMINI~1 \ AppData \ Local \ Temp \ whlm-temp. hlm

Output file name = C: \ Users \ Administrator \ Desktop \ ZHY \ hlm2. html

The maximum number of level-1 units = 210

The maximum number of level-2 units = 35

The maximum number of iterations = 100

Method of estimation: restricted maximum likelihood

The outcome variable is CONLAND

Summary of the model specified

Level-1 Model

$CONLAND_{ij} = \beta_{0j} + r_{ij}$

Level-2 Model

$$\beta_{0j} = \gamma_{00} + \gamma_{01} * (GDP\_M_j) + \gamma_{02} * (WAGE_j) + \gamma_{03} * (FOODSUP_j) + u_{0j}$$

Mixed Model

$$CONLAND_{ij} = \gamma_{00} + \gamma_{01} * GDP\_M_j + \gamma_{02} * WAGE_j + \gamma_{03} * FOODSUP_j + u_{0j} + r_{ij}$$

Final Results - Iteration 710

Iterations stopped due to small change in likelihood function

$\sigma_2 = 55649.86095$

τ

INTRCPT$_1$, β_0	108.6529
Random level-1 coefficient	Reliability estimate
INTRCPT$_1$, β_0	0.012

The value of the log-likelihood function at iteration 710 = $-1.447348E+003$

Final estimation of fixed effects:

Fixed Effect	Coefficient	Standard error	t-ratio	Approx. d. f.	p-value
For INTRCPT$_1$, β_0					
INTRCPT$_2$, γ_{00}	−351.083	108.486	−3.236	31	0.003
GDP_M, γ_{01}	0.085	0.022	3.943	31	<0.001
WAGE, γ_{02}	0.017	0.004	3.853	31	<0.001
FOODSUP, γ_{03}	1.152	0.693	1.662	31	0.107

Final estimation of fixed effects (with robust standard errors)

Fixed Effect	Coefficient	Standard error	t-ratio	Approx. d. f.	p-value
For INTRCPT$_1$, β_0					
INTRCPT$_2$, γ_{00}	−351.083	74.570	−4.708	31	<0.001
GDP_M, γ_{01}	0.085	0.018	4.777	31	<0.001
WAGE, γ_{02}	0.017	0.002	7.292	31	<0.001
FOODSUP, γ_{03}	1.152	0.440	2.616	31	0.014

Final estimation of variance components

续表

Random Effect	Standard Deviation	Variance Component	d. f.	X2	p-value
INTRCPT$_1$, u$_0$	10.424	108.653	31	24.775	>0.500
level-1, r	235.902	55649.861			

Statistics for current covariance components model

Deviance = 2894.696686

Number of estimated parameters = 2

(三) 随机系数模型

Program:	HLM 7 Hierarchical Linear and Nonlinear Modeling
Authors:	Stephen Raudenbush, Tony Bryk, & Richard Congdon
Publisher:	Scientific Software International, Inc. (c) 2010
	techsupport@ ssicentral.com
	www.ssicentral.com
Module:	HLM2S.EXE (7.00.21103.1002)
Date:	29 November 2013, Friday
Time:	11:48:25

Specifications for this HLM2 run

Problem Title: no title

The data source for this run = zhy.mdm

The command file for this run = C: \ Users \ ADMINI~1 \ AppData \ Local \ Temp \ whlm-temp.hlm

Output file name = C: \ Users \ Administrator \ Desktop \ ZHY \ hlm2.html

The maximum number of level-1 units = 210

The maximum number of level-2 units = 35

The maximum number of iterations = 100

Method of estimation: restricted maximum likelihood

The outcome variable is CONLAND

Summary of the model specified

Level-1 Model

$CONLAND_{ij} = \beta_{0j} + \beta_{1j} * (GDP_{ij}) + \beta_{2j} * (LRENTRAT_{ij}) + \beta_{3j} * (ARGINV_{ij}) + \beta_{4j} * (DIS_{ij}) + r_{ij}$

Level-2 Model

$\beta_{0j} = \gamma_{00} + u_{0j}$

$\beta_{1j} = \gamma_{10} + u_{1j}$

$\beta_{2j} = \gamma_{20} + u_{2j}$

$\beta_{3j} = \gamma_{30} + u_{3j}$

$\beta_{4j} = \gamma_{40} + u_{4j}$

GDP LRENTRAT ARGINV DIS have been centered around the group mean.

Mixed Model

$CONLAND_{ij} = \gamma_{00} + \gamma_{10} * GDP_{ij} + \gamma_{20} * LRENTRAT_{ij} + \gamma_{30} * ARGINV_{ij} + \gamma_{40} * DIS_{ij} + u_{0j}$

$+ u_{1j} * GDP_{ij} + u_{2j} * LRENTRAT_{ij} + u_{3j} * ARGINV_{ij} + u_{4j} * DIS_{ij} + r_{ij}$

Final Results - Iteration 1409

Iterations stopped due to small change in likelihood function

$\sigma_2 = 17326.57793$

τ

$INTRCPT_1$, β_0	41797.36	103.23	-2650.93	-60.22	-824.60
GDP, β_1	103.23	0.36	-3.34	-0.04	-1.54
LRENTRAT, β_2	-2650.93	-3.34	268.24	7.13	67.72
ARGINV, β_3	-60.22	-0.04	7.13	0.20	1.71
DIS, β_4	-824.60	-1.54	67.72	1.71	18.68

τ (as correlations)

$INTRCPT_1$, β_0	1.00	0.84	-0.79	-0.66	-0.93
GDP, β_1	0.84	1.00	-0.34	-0.15	-0.59
LRENTRAT, β_2	-0.79	-0.34	1.00	0.97	0.96
ARGINV, β_3	-0.66	-0.15	0.97	1.00	0.88
DIS, β_4	-0.93	-0.59	0.96	0.88	1.00

续表

Random level-1 coefficient	Reliability estimate
$INTRCPT_1$, β_0	0. 944
GDP, β_1	0. 181
LRENTRAT, β_2	0. 486
ARGINV, β_3	0. 436
DIS, β_4	0. 559

Final estimation of fixed effects：

Fixed Effect	Coefficient	Standard error	t-ratio	Approx. d. f.	p-value
For $INTRCPT_1$, β_0					
$INTRCPT_2$, γ_{00}	202. 424	35. 907	5. 637	34	<0. 001
For GDP slope, β_1					
$INTRCPT_2$, γ_{10}	1. 279	0. 214	5. 990	34	<0. 001
For LRENTRAT slope, β_2					
$INTRCPT_2$, γ_{20}	2. 636	3. 501	0. 798	34	0. 057
For ARGINV slope, β_3					
$INTRCPT_2$, γ_{30}	−0. 196	0. 105	−1. 862	34	0. 071
For DIS slope, β_4					
$INTRCPT_2$, γ_{40}	−3. 478	0. 884	−3. 935	34	<0. 001

WFinal estimation of fixed effects（with robust standard errors）

Fixed Effect	Coefficient	Standard error	t-ratio	Approx. d. f.	p-value
For $INTRCPT_1$, β_0					
$INTRCPT_2$, γ_{00}	202. 424	35. 345	5. 727	34	<0. 001
For GDP slope, β_1					
$INTRCPT_2$, γ_{10}	1. 279	0. 170	7. 523	34	<0. 001
For LRENTRAT slope, β_2					
$INTRCPT_2$, γ_{20}	2. 636	3. 305	0. 798	34	0. 031
For ARGINV slope, β_3					

INTRCPT$_2$, γ_{30}	-0.196	0.101	-1.929	34	0.062
For DIS slope, β_4					
INTRCPT$_2$, γ_{40}	-3.478	0.831	-4.183	34	<0.001

Final estimation of variance components

Random Effect	Standard Deviation	Variance Component	d. f.	$\chi 2$	p−value
INTRCPT$_1$, u_0	204.444	41797.359	23	391.639	<0.001
GDP slope, u_1	0.601	0.361	23	41.577	0.010
LRENTRAT slope, u_2	16.378	268.244	23	102.708	<0.001
ARGINV slope, u_3	0.448	0.201	23	43.543	0.006
DIS slope, u_4	4.322	18.681	23	56.718	<0.001
level−1, r	131.630	17326.578			

Statistics for current covariance components model

Deviance = 2796.192841

Number of estimated parameters = 16

（四）仅含截距效应的完整模型

Program:	HLM 7 Hierarchical Linear and Nonlinear Modeling
Authors:	Stephen Raudenbush, Tony Bryk, & Richard Congdon
Publisher:	Scientific Software International, Inc. （c）2010
	techsupport@ ssicentral. com
	www. ssicentral. com
Module:	HLM2S. EXE （7.00.21103.1002）
Date:	28 November 2013, Thursday
Time:	11: 28: 58

Specifications for this HLM2 run

Problem Title: no title

The data source for this run = zhy. mdm

续表

The command file for this run = C：\ Users \ ADMINI~1 \ AppData \ Local \ Temp \ whlm-temp. hlm
Output file name = C：\ Users \ Administrator \ Desktop \ ZHY \ hlm2. html
The maximum number of level-1 units = 210
The maximum number of level-2 units = 35
The maximum number of iterations = 100
Method of estimation：restricted maximum likelihood
The outcome variable is CONLAND
Summary of the model specified
Level-1 Model
$CONLAND_{ij} = \beta_{0j} + \beta_{1j} * (GDP_{ij}) + \beta_{2j} * (LRENTRAT_{ij}) + \beta_{3j} * (ARGINV_{ij}) + \beta_{4j} * (DIS_{ij}) + r_{ij}$
Level-2 Model
$\beta_{0j} = \gamma_{00} + \gamma_{01} * (GDP\_M_j) + \gamma_{02} * (WAGE_j) + \gamma_{03} * (FOODSUP_j) + u_{0j}$
$\beta_{1j} = \gamma_{10} + u_{1j}$
$\beta_{2j} = \gamma_{20} + u_{2j}$
$\beta_{3j} = \gamma_{30} + u_{3j}$
$\beta_{4j} = \gamma_{40} + u_{4j}$
GDP LRENTRAT ARGINV DIS have been centered around the group mean.
Mixed Model
$CONLAND_{ij} = \gamma_{00} + \gamma_{01} * GDP\_M_j + \gamma_{02} * WAGE_j + \gamma_{03} * FOODSUP_j + \gamma_{10} * GDP_{ij} + \gamma_{20} * LRENTRAT_{ij} + \gamma_{30} * ARGINV_{ij} + \gamma_{40} * DIS_{ij} + u_{0j} + u_{1j} * GDP_{ij} + u_{2j} * LRENTRAT_{ij} + u_{3j} * ARGINV_{ij} + u_{4j} * DIS_{ij} + r_{ij}$
Final Results - Iteration 891
Iterations stopped due to small change in likelihood function
$\sigma_2 = 18040. 12501$
τ

$INTRCPT_1, \beta_0$	5034. 040	16. 741	-451. 789	-17. 182	-165. 585
GDP, β_1	16. 741	0. 286	-4. 976	-0. 093	-0. 779

LRENTRAT, β_2	-451.789	-4.976	322.677	8.541	42.726
ARGINV, β_3	-17.182	-0.093	8.541	0.247	1.282
DIS, β_4	-165.585	-0.779	42.726	1.282	8.344
τ (as correlations)					
INTRCPT$_1$, β_0	1.000	0.441	-0.354	-0.487	-0.808
GDP, β_1	0.441	1.000	-0.518	-0.351	-0.504
LRENTRAT, β_2	-0.354	-0.518	1.000	0.957	0.823
ARGINV, β_3	-0.487	-0.351	0.957	1.000	0.894
DIS, β_4	-0.808	-0.504	0.823	0.894	1.000
Random level-1 coefficient	Reliability estimate				
INTRCPT$_1$, β_0	0.662				
GDP, β_1	0.154				
LRENTRAT, β_2	0.506				
ARGINV, β_3	0.462				
DIS, β_4	0.393				

Final estimation of fixed effects:

Fixed Effect	Coefficient	Standard error	t-ratio	Approx. d. f.	p-value
For INTRCPT$_1$, β_0					
INTRCPT$_2$, γ_{00}	-307.435	89.461	-3.437	31	0.002
GDP_ M, γ_{01}	0.087	0.018	4.902	31	<0.001
WAGE, γ_{02}	0.013	0.003	3.817	31	<0.001
FOODSUP, γ_{03}	1.445	0.581	2.485	31	0.019
For GDP slope, β_1					
INTRCPT$_2$, γ_{10}	1.333	0.218	6.105	34	<0.001
For LRENTRAT slope, β_2					
INTRCPT$_2$, γ_{20}	2.674	4.134	0.647	34	0.052
For ARGINV slope, β_3					
INTRCPT$_2$, γ_{30}	-0.203	0.118	-1.711	34	0.096
For DIS slope, β_4					

续表

INTRCPT$_2$, γ_{40}	-2.899	0.731	-3.967	34	<0.001

Final estimation of fixed effects (with robust standard errors)

Fixed Effect	Coefficient	Standard error	t−ratio	Approx. d. f.	p−value
For INTRCPT$_1$, β_0					
INTRCPT$_2$, γ_{00}	-307.435	69.281	-4.437	31	<0.001
GDP_ M, γ_{01}	0.087	0.016	5.558	31	<0.001
WAGE, γ_{02}	0.013	0.002	6.390	31	<0.001
FOODSUP, γ_{03}	1.445	0.416	3.476	31	0.002
For GDP slope, β_1					
INTRCPT$_2$, γ_{10}	1.333	0.212	6.293	34	<0.001
For LRENTRAT slope, β_2					
INTRCPT$_2$, γ_{20}	2.674	4.020	0.665	34	0.051
For ARGINV slope, β_3					
INTRCPT$_2$, γ_{30}	-0.203	0.113	-1.799	34	0.081
For DIS slope, β_4					
INTRCPT$_2$, γ_{40}	-2.899	0.661	-4.387	34	<0.001

Final estimation of variance components

Random Effect	Standard Deviation	Variance Component	d. f.	X2	p−value
INTRCPT$_1$, u_0	70.951	5034.040	20	77.416	<0.001
GDP slope, u_1	0.535	0.286	23	38.193	0.024
LRENTRAT slope, u_2	17.963	322.677	23	98.872	<0.001
ARGINV slope, u_3	0.497	0.247	23	42.477	0.008
DIS slope, u_4	2.889	8.344	23	51.777	<0.001
level−1, r	134.314	18040.125			

Statistics for current covariance components model

Deviance = 2776.605693

Number of estimated parameters = 16

（五）完整模型

Program:	HLM 7 Hierarchical Linear and Nonlinear Modeling
Authors:	Stephen Raudenbush, Tony Bryk, & Richard Congdon
Publisher:	Scientific Software International, Inc. (c) 2010
	techsupport@ ssicentral. com
	www. ssicentral. com
Module:	HLM2S. EXE (7. 00. 21103. 1002)
Date:	30 November 2013, Saturday
Time:	16: 07: 39

Specifications for this HLM2 run

Problem Title: no title

The data source for this run = zhy. mdm

The command file for this run = C: \ Users \ ADMINI~1 \ AppData \ Local \ Temp \ whlm-temp. hlm

Output file name = C: \ Users \ Administrator \ Desktop \ ZHY \ hlm2. html

The maximum number of level-1 units = 210

The maximum number of level-2 units = 35

The maximum number of iterations = 100

Method of estimation: restricted maximum likelihood

The outcome variable is CONLAND

Summary of the model specified

Level-1 Model

$CONLAND_{ij} = \beta_{0j} + \beta_{1j} * (GDP_{ij}) + \beta_{2j} * (LRENTRAT_{ij}) + \beta_{3j} * (ARGINV_{ij}) + \beta_{4j} * (DIS_{ij}) + r_{ij}$

Level-2 Model

$\beta_{0j} = \gamma_{00} + \gamma_{01} * (GDP\_M_j) + \gamma_{02} * (WAGE_j) + \gamma_{03} * (FOODSUP_j) + u_{0j}$

$\beta_{1j} = \gamma_{10} + \gamma_{11} * (GDP\_M_j) + u_{1j}$

$\beta_{2j} = \gamma_{20} + \gamma_{21} * (GDP\_M_j) + u_{2j}$

$\beta_{3j} = \gamma_{30} + \gamma_{31} * (FOODSUP_j) + u_{3j}$

续表

$\beta_{4j} = \gamma_{40} + \gamma_{41} * (GDP\_M_j) + \gamma_{42} * (FOODSUP_j) + u_{4j}$

GDP LRENTRAT ARGINV DIS have been centered around the group mean.

Mixed Model

$CONLAND_{ij} = \gamma_{00} + \gamma_{01} * GDP\_M_j + \gamma_{02} * WAGE_j + \gamma_{03} * FOODSUP_j + \gamma_{10} * GDP_{ij}$

$+ \gamma_{11} * GDP\_M_j * GDP_{ij} + \gamma_{20} * LRENTRAT_{ij} + \gamma_{21} * GDP\_M_j * LRENTRAT_{ij} + \gamma_{30} * ARGINV_{ij}$

$+ \gamma_{31} * FOODSUP_j * ARGINV_{ij} + \gamma_{40} * DIS_{ij} + \gamma_{41} * GDP\_M_j * DIS_{ij} + \gamma_{42} * FOODSUP_j * DIS_{ij}$

$+ u_{0j} + u_{1j} * GDP_{ij} + u_{2j} * LRENTRAT_{ij} + u_{3j} * ARGINV_{ij} + u_{4j} * DIS_{ij} + r_{ij}$

Final Results − Iteration 2045

Iterations stopped due to small change in likelihood function

$\sigma_2 = 17580.02638$

τ

$INTRCPT_1$, β_0	4694.99	10.33	−108.06	−6.40	−135.50
GDP, β_1	10.33	0.19	2.97	0.00	0.05
LRENTRAT, β_2	−108.06	2.97	65.80	0.43	9.92
ARGINV, β_3	−6.40	0.00	0.43	0.01	0.22
DIS, β_4	−135.50	0.05	9.92	0.22	4.67

τ (as correlations)

$INTRCPT_1$, β_0	1.00	0.35	−0.19	−0.93	−0.92
GDP, β_1	0.35	1.00	0.85	0.01	0.05
LRENTRAT, β_2	−0.19	0.85	1.00	0.53	0.57
ARGINV, β_3	−0.93	0.01	0.53	1.00	0.99
DIS, β_4	−0.92	0.05	0.57	0.99	1.00

Random level−1 coefficient	Reliability estimate
$INTRCPT_1$, β_0	0.652
GDP, β_1	0.119
LRENTRAT, β_2	0.313
ARGINV, β_3	0.085
DIS, β_4	0.295

Final estimation of fixed effects:

续表

Fixed Effect	Coefficient	Standard error	t-ratio	Approx. d. f.	p-value
For INTRCPT$_1$, β_0					
INTRCPT$_2$, γ_{00}	−296.382	91.997	−3.222	31	0.003
GDP_M, γ_{01}	0.091	0.018	5.160	31	<0.001
WAGE, γ_{02}	0.014	0.003	4.111	31	<0.001
FOODSUP, γ_{03}	1.100	0.614	1.790	31	0.083
For GDP slope, β_1					
INTRCPT$_2$, γ_{10}	0.631	0.350	1.801	33	0.081
GDP_M, γ_{11}	0.0004	0.000	3.580	33	0.001
For LRENTRAT slope, β_2					
INTRCPT$_2$, γ_{20}	7.802	3.168	2.462	33	0.019
GDP_M, γ_{21}	−0.010	0.001	−6.827	33	<0.001
For ARGINV slope, β_3					
INTRCPT$_2$, γ_{30}	−0.934	0.181	−5.157	33	<0.001
FOODSUP, γ_{31}	0.008	0.002	4.653	33	<0.001
For DIS slope, β_4					
INTRCPT$_2$, γ_{40}	−4.945	3.473	−1.424	32	0.164
GDP_M, γ_{41}	−0.003	0.001	−2.921	32	0.006
FOODSUP, γ_{42}	0.041	0.029	1.418	32	0.166

Final estimation of fixed effects (with robust standard errors)

Fixed Effect	Coefficient	Standard error	t-ratio	Approx. d. f.	p-value
For INTRCPT$_1$, β_0					
INTRCPT$_2$, γ_{00}	−296.382	66.892	−4.431	31	<0.001
GDP_M, γ_{01}	0.091	0.015	5.991	31	<0.001
WAGE, γ_{02}	0.014	0.002	7.224	31	<0.001
FOODSUP, γ_{03}	1.100	0.427	2.578	31	0.015
For GDP slope, β_1					
INTRCPT$_2$, γ_{10}	0.631	0.238	2.656	33	0.012

续表

GDP_ M, γ_{11}	0.0004	0.000	5.228	33	<0.001
For LRENTRAT slope, β_2					
INTRCPT$_2$, γ_{20}	7.802	2.253	3.462	33	0.002
GDP_ M, γ_{21}	−0.010	0.002	−4.166	33	<0.001
For ARGINV slope, β_3					
INTRCPT$_2$, γ_{30}	−0.934	0.130	−7.178	33	<0.001
FOODSUP, γ_{31}	0.008	0.001	7.018	33	<0.001
For DIS slope, β_4					
INTRCPT$_2$, γ_{40}	−4.945	2.079	−2.378	32	0.024
GDP_ M, γ_{41}	−0.003	0.001	−2.501	32	0.018
FOODSUP, γ_{42}	0.041	0.020	2.096	32	0.044

Final estimation of variance components

Random Effect	Standard Deviation	Variance Component	d. f.	χ_2	p-value
INTRCPT$_1$, u_0	68.520	4694.994	20	74.687	<0.001
GDP slope, u_1	0.432	0.187	22	15.285	>0.500
LRENTRAT slope, u_2	8.112	65.802	22	49.403	0.124
ARGINV slope, u_3	0.100	0.046	22	20.402	>0.500
DIS slope, u_4	2.160	4.666	21	40.002	0.108
level−1, r	132.590	17580.026			

Statistics for current covariance components model

Deviance = 2790.839297

Number of estimated parameters = 16

二　分层经济增长模型分析结果

（一）零模型分析

Program:	HLM 7 Hierarchical Linear and Nonlinear Modeling
Authors:	Stephen Raudenbush, Tony Bryk, & Richard Congdon

续表

Publisher:	Scientific Software International, Inc. (c) 2010
	techsupport@ ssicentral. com
	www. ssicentral. com
Module:	HLM2S. EXE (7. 00. 21103. 1002)
Date:	9 February 2014, Sunday
Time:	20: 52: 29

Specifications for this HLM2 run

Problem Title: no title

The data source for this run = chap6. mdm

The command file for this run = C: \ Users \ ADMINI~1 \ AppData \ Local \ Temp \ whlm-temp. hlm

Output file name = D: \ Users \ gongxianlv \ hlm2. html

The maximum number of level-1 units = 210

The maximum number of level-2 units = 35

The maximum number of iterations = 100

Method of estimation: restricted maximum likelihood

The outcome variable is LNY

Summary of the model specified

Level-1 Model

$LNY_{ij} = \beta_{0j} + r_{ij}$

Level-2 Model

$\beta_{0j} = \gamma_{00} + u_{0j}$

Mixed Model

$LNY_{ij} = \gamma_{00} + u_{0j} + r_{ij}$

Final Results - Iteration 4

Iterations stopped due to small change in likelihood function

$\sigma_2 = 0.49731$

τ

$INTRCPT_1$, β_0	0. 2895
Random level-1 coefficient	Reliability estimate

续表

INTRCPT$_1$, β_0	0.755

The value of the log-likelihood function at iteration 4 = −2.500370E+002

Final estimation of fixed effects:

Fixed Effect	Coefficient	Standard error	t−ratio	Approx. d. f.	p−value
For INTRCPT$_1$, β_0					
INTRCPT$_2$, γ_{00}	4.600	0.105	43.951	34	<0.001

Final estimation of fixed effects (with robust standard errors)

Fixed Effect	Coefficient	Standard error	t−ratio	Approx. d. f.	p−value
For INTRCPT$_1$, β_0					
INTRCPT$_2$, γ_{00}	4.600	0.103	44.596	34	<0.001

Final estimation of variance components

Random Effect	Standard Deviation	Variance Component	d. f.	χ_2	p−value
INTRCPT1, u_0	0.5381	0.2895	34	153.698	<0.001
level−1, r	0.7052	0.4973			

Statistics for current covariance components model

Deviance = 500.074046

Number of estimated parameters = 2

(二) 以均值为结果模型

Program:	HLM 7 Hierarchical Linear and Nonlinear Modeling
Authors:	Stephen Raudenbush, Tony Bryk, & Richard Congdon
Publisher:	Scientific Software International, Inc. (c) 2010
	techsupport@ ssicentral. com
	www. ssicentral. com

续表

Module:	HLM2S. EXE（7.00.21103.1002）
Date:	9 February 2014, Sunday
Time:	20:53:38

Specifications for this HLM2 run

Problem Title: no title

The data source for this run = chap6. mdm

The command file for this run = C：\ Users \ ADMINI~1 \ AppData \ Local \ Temp \ whlm-temp. hlm

Output file name = D：\ Users \ gongxianlv \ hlm2. html

The maximum number of level-1 units = 210

The maximum number of level-2 units = 35

The maximum number of iterations = 100

Method of estimation: restricted maximum likelihood

The outcome variable is LNY

Summary of the model specified

Level-1 Model

$LNY_{ij} = \beta_{0j} + r_{ij}$

Level-2 Model

$\beta_{0j} = \gamma_{00} + \gamma_{01} * (GDPPC_j) + \gamma_{02} * (URBANI_j) + \gamma_{03} * (POP_j) + u_{0j}$

Mixed Model

$LNY_{ij} = \gamma_{00} + \gamma_{01} * GDPPC_j + \gamma_{02} * URBANI_j + \gamma_{03} * POP_j + u_{0j} + r_{ij}$

Final Results - Iteration 2035

Iterations stopped due to small change in likelihood function

$\sigma_2 = 0.52660$

τ

INTRCPT$_1$, β_0	0.00112
Random level-1 coefficient	Reliability estimate
INTRCPT$_1$, β_0	0.013

The value of the log-likelihood function at iteration 2035 = $-2.356920E+002$

Final estimation of fixed effects:

续表

Fixed Effect	Coefficient	Standard error	t-ratio	Approx. d. f.	p-value
For INTRCPT$_1$, β_0					
INTRCPT$_2$, γ_{00}	3.717	0.210	17.735	31	<0.001
GDPPC, γ_{01}	0.364	0.070	5.217	31	<0.001
URBANI, γ_{02}	-0.548	0.686	-0.799	31	0.430
POP, γ_{03}	0.057	0.021	2.724	31	0.010

Final estimation of fixed effects (with robust standard errors)

Fixed Effect	Coefficient	Standard error	t-ratio	Approx. d. f.	p-value
For INTRCPT$_1$, β_0					
INTRCPT$_2$, γ_{00}	3.717	0.214	17.340	31	<0.001
GDPPC, γ_{01}	0.364	0.055	6.627	31	<0.001
URBANI, γ_{02}	-0.548	0.611	-0.897	31	0.038
POP, γ_{03}	0.057	0.016	3.522	31	0.001

Final estimation of variance components

Random Effect	Standard Deviation	Variance Component	d. f.	χ_2	p-value
INTRCPT$_1$, u_0	0.033	0.001	31	40.955	0.109
level-1, r	0.726	0.527			

Statistics for current covariance components model

Deviance = 471.384033

Number of estimated parameters = 2

（三）随机系数模型

Program:	HLM 7 Hierarchical Linear and Nonlinear Modeling
Authors:	Stephen Raudenbush, Tony Bryk, & Richard Congdon
Publisher:	Scientific Software International, Inc. (c) 2010

续表

	techsupport@ ssicentral. com
	www. ssicentral. com
Module:	HLM2S. EXE（7. 00. 21103. 1002）
Date:	9 February 2014, Sunday
Time:	20: 54: 36

Specifications for this HLM2 run

Problem Title: no title

The data source for this run = chap6. mdm

The command file for this run = C: \ Users \ ADMINI~1 \ AppData \ Local \ Temp \ whlm-temp. hlm

Output file name = D: \ Users \ gongxianlv \ hlm2. html

The maximum number of level-1 units = 210

The maximum number of level-2 units = 35

The maximum number of iterations = 100

Method of estimation: restricted maximum likelihood

The outcome variable is LNY

Summary of the model specified

Level-1 Model

$LNY_{ij} = \beta_{0j} + \beta_{1j} * (LNK_{ij}) + \beta_{2j} * (LNL_{ij}) + \beta_{3j} * (LNF_{ij}) + r_{ij}$

Level-2 Model

$\beta_{0j} = \gamma_{00} + u_{0j}$

$\beta_{1j} = \gamma_{10} + u_{1j}$

$\beta_{2j} = \gamma_{20} + u_{2j}$

$\beta_{3j} = \gamma_{30} + u_{3j}$

LNK LNL LNF have been centered around the group mean.

Mixed Model

$LNY_{ij} = \gamma_{00} + \gamma_{10} * LNK_{ij} + \gamma_{20} * LNL_{ij} + \gamma_{30} * LNF_{ij} + \gamma_{30} * LNF_{ij} + u_{0j} + u_{1j} * LNK_{ij} + u_{2j} * LNL_{ij} + u_{3j} * LNF_{ij} + r_{ij} + u_{2j} * LNL_{ij} + u_{3j} * LNF_{ij} + r_{ij}$

Final Results - Iteration 10000

$\sigma_2 = 0.05708$

τ

INTRCPT$_1$, β_0	0.374	0.033	−0.089	0.007	
LNK, β_1	0.033	0.005	−0.010	0.014	
LNL, β_2	−0.089	−0.010	0.023	−0.013	
LNF, β_3	0.007	0.014	−0.013	0.080	

τ（as correlations）

INTRCPT$_1$, β_0	1.000	0.738	−0.962	0.042
LNK, β_1	0.738	1.000	−0.894	0.704
LNL, β_2	−0.962	−0.894	1.000	−0.312
LNF, β_3	0.042	0.704	−0.312	1.000

Random level−1 coefficient	Reliability estimate
INTRCPT$_1$, β_0	0.979
LNK, β_1	0.051
LNL, β_2	0.121
LNF, β_3	0.332

Final estimation of fixed effects：

Fixed Effect	Coefficient	Standard error	t−ratio	Approx. d. f.	p−value
For INTRCPT$_1$, β_0					
INTRCPT$_2$, γ_{00}	4.611	0.105	43.935	34	<0.001
For LNK slope, β_1					
INTRCPT$_2$, γ_{10}	0.647	0.049	13.161	34	<0.001
For LNL slope, β_2					
INTRCPT$_2$, γ_{20}	0.495	0.068	7.305	34	<0.001
For LNF slope, β_3					
INTRCPT$_2$, γ_{30}	−0.159	0.083	−1.916	34	0.064

Final estimation of fixed effects（with robust standard errors）

续表

Fixed Effect	Coefficient	Standard error	t-ratio	Approx. d. f.	p-value
For INTRCPT$_1$, β_0					
INTRCPT$_2$, γ_{00}	4.611	0.103	44.576	34	<0.001
For LNK slope, β_1					
INTRCPT$_2$, γ_{10}	0.647	0.033	19.365	34	<0.001
For LNL slope, β_2					
INTRCPT$_2$, γ_{20}	0.495	0.054	9.102	34	<0.001
For LNF slope, β_3					
INTRCPT$_2$, γ_{30}	-0.159	0.069	-2.288	34	0.028

Final estimation of variance components

Random Effect	Standard Deviation	Variance Component	d. f.	χ_2	p-value
INTRCPT$_1$, u_0	0.612	0.374	24	1118.407	<0.001
LNK slope, u_1	0.072	0.005	24	30.639	0.164
LNL slope, u_2	0.151	0.023	24	25.529	0.377
LNF slope, u_3	0.283	0.080	24	25.959	0.355
level-1, r	0.239	0.057			

Statistics for current covariance components model

Deviance = 167.285680

Number of estimated parameters = 11

（四）完整模型

Program:	HLM 7 Hierarchical Linear and Nonlinear Modeling
Authors:	Stephen Raudenbush, Tony Bryk, & Richard Congdon
Publisher:	Scientific Software International, Inc. (c) 2010
	techsupport@ ssicentral.com
	www.ssicentral.com

续表

Module:	HLM2S. EXE（7. 00. 21103. 1002）
Date:	9 February 2014, Sunday
Time:	21: 07: 06

Specifications for this HLM2 run

Problem Title: no title

The data source for this run = chap6. mdm

The command file for this run = C: \ Users \ ADMINI~1 \ AppData \ Local \ Temp \ whlm-temp. hlm

Output file name = D: \ Users \ gongxianlv \ hlm2. html

The maximum number of level-1 units = 210

The maximum number of level-2 units = 35

The maximum number of iterations = 100

Method of estimation: restricted maximum likelihood

The outcome variable is LNY

Summary of the model specified

Level-1 Model

$LNY_{ij} = \beta_{0j} + \beta_{1j} * (LNK_{ij}) + \beta_{2j} * (LNL_{ij}) + \beta_{3j} * (LNF_{ij}) + r_{ij}$

Level-2 Model

$\beta_{0j} = \gamma_{00} + \gamma_{01} * (GDPPC_j) + \gamma_{02} * (URBANI_j) + \gamma_{03} * (POP_j) + u_{0j}$

$\beta_{1j} = \gamma_{10} + \gamma_{11} * (GDPPC_j) + \gamma_{12} * (URBANI_j) + u_{1j}$

$\beta_{2j} = \gamma_{20} + \gamma_{21} * (GDPPC_j) + \gamma_{22} * (URBANI_j) + u_{2j}$

$\beta_{3j} = \gamma_{30} + \gamma_{31} * (GDPPC_j) + \gamma_{32} * (URBANI_j) + \gamma_{33} * (POP_j) + u_{3j}$

LNK LNL LNF have been centered around the group mean.

Mixed Model

$LNY_{ij} = \gamma_{00} + \gamma_{01} * GDPPC_j + \gamma_{02} * URBANI_j + \gamma_{03} * POP_j + \gamma_{10} * LNK_{ij} + \gamma_{11} * GDPPC_j * LNK_{ij}$

$+ \gamma_{12} * URBANI_j * LNK_{ij} + \gamma_{20} * LNL_{ij} + \gamma_{21} * GDPPC_j * LNL_{ij} + \gamma_{22} * URBANI_j * LNL_{ij}$

$+ \gamma_{30} * LNF_{ij} + \gamma_{31} * GDPPC_j * LNF_{ij} + \gamma_{32} * URBANI_j * LNF_{ij} + \gamma_{33} * POP_j * LNF_{ij} + u_{0j} + u_{1j} * LNK_{ij}$

$+ u_{2j} * LNL_{ij} + u_{3j} * LNF_{ij} + r_{ij}$

Final Results - Iteration 9015

Iterations stopped due to small change in likelihood function

$\sigma_2 = 0.05621$

τ

INTRCPT$_1$, β_0	0.158	0.010	−0.077	−0.011
LNK, β_1	0.010	0.001	−0.004	0.001
LNL, β_2	−0.077	−0.004	0.040	0.015
LNF, β_3	−0.011	0.001	0.015	0.028

τ (as correlations)

INTRCPT$_1$, β_0	1.000	0.887	−0.961	−0.171
LNK, β_1	0.887	1.000	−0.733	0.283
LNL, β	−0.961	−0.733	1.000	0.435
LNF, β_3	−0.171	0.283	0.435	1.000

Random level-1 coefficient	Reliability estimate
INTRCPT$_1$, β_0	0.951
LNK, β_1	0.009
LNL, β_2	0.19
LNF, β_3	0.162

Final estimation of fixed effects:

Fixed Effect	Coefficient	Standard error	t-ratio	Approx. d. f.	p-value
For INTRCPT$_1$, β_0					
INTRCPT$_2$, γ_{00}	4.051	0.274	14.787	31	<0.001
GDPPC, γ_{01}	0.406	0.097	4.191	31	<0.001
URBANI, γ_{02}	−1.517	0.899	−1.688	31	0.102
POP, γ_{03}	0.069	0.025	2.698	31	0.011
For LNK slope, β_1					
INTRCPT$_2$, γ_{10}	0.878	0.215	4.077	32	<0.001
GDPPC, γ_{11}	0.105	0.064	1.636	32	0.112
URBANI, γ_{12}	−1.044	0.677	−1.543	32	0.133

For LNL slope, β_2					
INTRCPT$_2$, γ_{20}	-0.299	0.375	-0.797	32	0.431
GDPPC, γ_{21}	-0.325	0.103	-3.146	32	0.004
URBANI, γ_{22}	3.313	1.157	2.863	32	0.007
For LNF slope, β_3					
INTRCPT$_2$, γ_{30}	0.373	0.336	1.111	31	0.275
GDPPC, γ_{31}	0.296	0.101	2.921	31	0.006
URBANI, γ_{32}	-2.492	1.029	-2.422	31	0.021
POP, γ_{33}	-0.031	0.026	-1.192	31	0.242

Final estimation of fixed effects (with robust standard errors)

Fixed Effect	Coefficient	Standard error	t-ratio	Approx. d. f.	p-value
For INTRCPT$_1$, β_0					
INTRCPT$_2$, γ_{00}	4.051	0.309	13.121	31	<0.001
GDPPC, γ_{01}	0.406	0.069	5.862	31	<0.001
URBANI, γ_{02}	-1.517	0.838	-1.810	31	0.08
POP, γ_{03}	0.069	0.012	5.717	31	<0.001
For LNK slope, β_1					
INTRCPT$_2$, γ_{10}	0.878	0.086	10.242	32	<0.001
GDPPC, γ_{11}	0.105	0.041	2.574	32	0.015
URBANI, γ_{12}	-1.044	0.340	-3.073	32	0.004
For LNL slope, β_2					
INTRCPT$_2$, γ_{20}	-0.299	0.192	-1.557	32	0.129
GDPPC, γ_{21}	-0.325	0.060	-5.406	32	<0.001
URBANI, γ_{22}	3.313	0.634	5.222	32	<0.001
For LNF slope, β_3					
INTRCPT$_2$, γ_{30}	0.373	0.128	2.920	31	0.006
GDPPC, γ_{31}	0.296	0.053	5.587	31	<0.001
URBANI, γ_{32}	-2.492	0.524	-4.753	31	<0.001
POP, γ_{33}	-0.031	0.020	-1.513	31	0.140

Final estimation of variance components

Random Effect	Standard Deviation	Variance Component	d. f.	χ_2	p-value
INTRCPT$_1$, u$_0$	0.398	0.158	21	214.024	<0.001
LNK slope, u$_1$	0.029	0.001	22	27.146	0.205
LNL slope, u$_2$	0.201	0.040	22	14.770	>0.500
LNF slope, u$_3$	0.167	0.028	21	14.060	>0.500
level-1, r	0.237	0.056			

Statistics for current covariance components model

Deviance = 144.585004

Number of estimated parameters = 11

参考文献

1. A. Veldkamp, L. O. Fresco, "Reconstructing land use drivers and their spatial dependence for Costa Rica (1973 and 1984) ", *Agricultural Systems*, Vol. 55, No. 1, 1996.

2. Alberti M., "The Effects of Urban Patterns on Ecosystem Function", *International Regional Science Review*, Vol. 28, No. 2, 2005.

3. Arrow K. J., Fisher A. C., "Environmental Preservation, Uncertainty and Irreversibility", *Quarterly Journal of Economics*, Vol. 88, No. 2, 1974.

4. Bouman B. A. M., *Tools for land use analysis on different scale: with case studies for Costa Rica*, Kluwer Academic publishers, 2000.

5. Brueckner J. K., Fansler D., "The Economics of Urban Sprawl: Theory and Evidence on the Spatial Size of Cities", *Review of Economics and Statistics*, Vol. 65, No. 3, 1983.

6. Bruns D. F. W., Schmidt J. A., "City Edges in Germany: Quality Growth and Urban Design", *Landscape and Urban Planning*, Vol. 36, No. 4, 1997.

7. Buitelaar E., *The Cost of Land Use Decisions: Applying Transaction Cost Economics to Planning and Development*, Blackwell Publisher, 2007.

8. Cao W., Zhu H., Chen S., "Impacts of Urbanization on Topsoil

Nutrient Balance—A Case Study at Provincial Scale from Fujian, China", *Catena*, Vol. 6, 2006.

9. Carmen C. F., Irwin E. G., "Determinants of Residential Land Conversion and Sprawl at the Rural–Urban Fringe", *American Journal of Agricultural Economy*, Vol. 86, No. 4, 2004.

10. Castella J. C., Kam S. P., Quang D. D., Verburg P. H., Hoanh C. T., "Combining top–down and bottom–up modelling approaches of land use/cover change to support public policies: Application to sustainable management of natural resources in northern Vietnam", *Land Use Policy*, Vol. 24, No. 3, 2007.

11. Chakir R., GalloJ L., "Predicting Land Use Allocation in France: A Spatial Panel Data Analysis", *Ecological Economics*, Vol. 92, 2013.

12. Chen J., "Rapid Urbanization in China: A Real Challenge to Soil Protection and Food Security", *Catena*, Vol. 69, No. 1, 2007.

13. Colin V., Rich I., "Analyzing spatial hierarchies in remotely sensed data: Insights from a multilevel model of tropical deforestation", *Land Use Policy*, Vol. 23, 2006.

14. Collins J. P., Kinzig A., Grimm N. B., "A New Urban Ecology", *American Scientist*, Vol. 88, No. 5, 2000.

15. Cunningham C. R., "Growth Control, Real Options and Land Development", *The Review of Economics and Statistics*, Vol. 89, No. 2, 2007.

16. Deng X. Z., Huang J. K., Rozelle S., Uchida E., "Growth, Population and Industrialization, and Urban Land Expansion of China", *Journal of Urban Economics*, Vol. 63, No. 1, 2008.

17. Deng X. Z., Huang J. K., Rozelle S., Uchida E., "Economic Growth and the Expansion of Urban Land in China", *Urban Studies*, Vol.

47, No. 4, 2010.

18. Ding C. R., "Policy and Praxis of Land Acquisition in China", *Land Use Policy*, Vol. 24, No. 1, 2007.

19. Ding C. R., "Land Policy Reform in China: Assessment and Prospects", *Land Use Policy*, Vol. 20, No. 2, 2003.

20. Gardner G., *Shrinking Fields: Cropland Loss in a World of Eight Billion*, Worldwatch Paper, USA: Worldwatch Institute, 1996.

21. Guo G., Zhao H., "Multilevel modeling for binary data", *American Review of Sociology*, Vol. 26, 2000.

22. Haff C. A., *Land Market Understanding is the Basis for Smart Change*, Lincoln Institute of Land Policy Working Paper, USA: Lincoln Institute, 2003.

23. Ho S. P. S., Lin G. C. S., "Non-Agricultural Land Use in Post-Reform China", *The China Quarterly*, No. 179, 2004.

24. Hoshino S., "Multilevel modeling on farmland distribution in Janpan", *Land use Policy*, Vol. 18, 2001.

25. Jiang L., Deng X. Z., Seto K. C., "Multi-Level Modeling of Urban Expansion and Cultivated Land Conversion for Urban Hotspot Counties in China", *Landscape and Urban Planning*, Vol. 108, 2012.

26. Kline J. D., Alig R. J., "Does Land Use Planning Slow Conversion of Forest and Farmlands?", *Growth and Change*, Vol. 30, No. 1, 1999.

27. Knaap N., Moore T., *Land Supply and Infrastructure Capacity Monitoring for Smart Urban Growth*, Lincoln Institute of Land Policy Working Paper, USA: Lincoln Institute, 2000.

28. Koen P. O., Peter H. V., "Multilevel modelling of land use from field to village level in the Philippines", *Agrivultural Systems*, Vol. 89, 2006.

29. Kok K., "The Role of Population in Understanding Honduran Land Use Patterns", *Journal of Environmental Management*, Vol. 72, No. 1-2, 2004.

30. Koning G. H. J., Veldkamp A., Fresco L. O., "Land use in Ecuador: a statistical analysis at different aggregation levels", *Agriculture, Ecosystems and Envionment*, Vol. 70, 1998.

31. Krugman P., *Increasing Returns and Economic Geography*, NBER (National Bureau of Economic Research) Working Paper Series, 1990.

32. Kuminoff N. V., Sokolow A. D., Sumner D. A., *Farmland Conversion: Perceptions and Realities*, Issues Brief (No. 16), University of California: Agricultural Issues Center, 2001.

33. Leroux A. D., Creedy J., "Optimal Land Conversion and Growth with Uncertain Biodiversity Cost", *Ecological Economics*, Vol. 61, No. 2-3, 2007.

34. Lindley D. V., Smith A. F. M., "Bayes Estimates for the linear-model", *Journal of the Royal Statistical Society (Series B)*, Vol. 34, 1972.

35. Long H. L., Heilig G. K., Li X. B., Zhang M., "Socio-economic Development and Land-Use Change: Analysis of Rural Housing Land Transition in the Transect of the Yangtse River, China", *Land Use Policy*, Vol. 24, No. 1, 2007.

36. Magliocca N., Safirova E., McConnell V., Walls M., "An Economic Agent - based Model of Coupled Housing and Land Markets (CHALMS)", *Computers Environment and Urban Systems*, Vol. 35, 2011.

37. Masek J. G., Lindsay F. E., Goward S. N., "Dynamics of Urban Growth in the Washington DC Metropolitan Area, 1973-1996, from

Landsat Observation", *International Journal of Remote Sensing*, Vol. 21, No. 18, 2000.

38. McGrath D. T., "More Evidence on the Spatial Scale of Cities", *Journal of Urban Economics*, Vol. 58, No. 1, 2005.

39. Muth R. M., "Economic Change and Rural - Urban Land Conversions", *Econometrica*, Vol. 29, No. 1, 1961.

40. Nicolai, *Modeling farmland conversion with new GIS data*, Paper prepared for the annual meeting of the American agricultural economics association, Chicago, 2001.

41. Overmars K. P., Verburg P. H., "Multi-level modelling of land use from field to village level in the Philippines", *Agricultural Systems*, Vol. 89, No. 2-3, 2006.

42. Peter H. V., Chen Y. Q., "Multiscale Characterization of Land-Use Patterns in China", *Ecosystems*, Vol. 3, 2000.

43. Peterson J. M., Boisvert R. N., *Optimal Land Conversion at the Rural-Urban Fringe with Positive and Negative Agricultural Externalities*, Prepared for the American Agricultural Economics Association Meeting, Tampa, Florida, July 30- August 2, 2000.

44. Plantinga A. J., "The Effect of Agricultural Policies on Land Use and Environmental Quality", *American Journal of Agricultural Economics*, Vol. 78, No. 4, 1996.

45. Polsky C., Easterling III W. E., "Adaptation to climate variability and change in the US great Plains: a multi-scale analysis of Ricardian climate sensitivities", *Agriculture, Ecosystems and Environment*, Vol. 85, 2001.

46. Qu F. T., Heerink N., Wang W. M., "Land Administration Reform in China: It's Impact on Land Allocation and Economic Development", *Land Use Policy*, Vol. 12, No. 3, 1995.

47. Rudel T., Roper J., "The Paths of Rain Forest Destruction: Crossnational Patterns of Tropical Deforestation", *World Development*, Vol. 25, 1997.

48. Seto K. C., Kaufmann R. K., "Modeling the Drivers of Urban Land Use Change in the Pearl River Delta, China: Integrating Remote Sensing with Socioeconomic Data", *Land Economics*, Vol. 79, No. 1, 2003.

49. Shen J., Wong K., Feng Z., "State-Sponsored and Spontaneous Urbanization in the Pearl River Delta of South China, 1980–1998", *Urban Geography*, Vol. 23, No. 7, 2002.

50. Snijders T. A. B., Bosker R. J., *Multi-level analysis: An introduction to basic and advanced multi-level modeling*, London: SAGE Publications, 1999.

51. Stephen J. W., Thomas W. C., William F. W., et al., "A multiscale analysis of LUCC and NDVI variation in Nang Rong district, northeast Thailand", *Agriculture, Ecosystems and Environment*, Vol. 85, 2001.

52. Tan M. H., Li X. B., Xie H., Lu C. H., "Urban Land Expansion and Arable Land Loss in China—A Case Study of Beijing-Tianjin-Hebei Region", *Land Use Policy*, Vol. 22, No. 3, 2005.

53. Tian G. J., Ouyang Y., Quan Q., Wu J. G., "Simulating Spatiotemporal Dynamics of Urbanization with Multi-Agent Systems—A Case Study of the Phoenix Metropolitan Region, USA", *Ecological Modelling*, Vol. 222, 2011.

54. Towe C. A., Nickerson C. J., Bockstael N., "An Empirical Examination of the Timing of Land Conversions in the Presence of Farmland Preservation Programs", *American Journal of Agricultural Economics*, Vol. 90, No. 3, 2008.

55. Turne M. A., "A Simple Theory of Smart Growth and Sprawl", *Journal of Urban Economics*, Vol. 61, No. 1, 2007.

56. Turner B. L., Meyer W. B., Skole D. L., "Global land-use/land-cover change, towards an integrated study", *Ambio*, Vol. 23, No. 1, 1995.

57. Tweeten L., *Competing for Scarce Land: Food Security and Farmland Preservation*, Occasional paper, Produced for the project: Competition for Land on the Rural-urban Interface, 1998.

58. Valk A. V. D., "The Dutch Planning Experience", *Landscape and Urban Planning*, Vol. 58, No. 2-4, 2002.

59. Veldkamp A., Fresco L. O., "Reconstructing Land Use Drivers and their Spatial Scale Dependence for Costa Rica", *Agricultural System*, Vol. 55, No. 1, 1997.

60. Verburg P. H., Schot P., Dijst M., Veldkamp A., "Land use change modelling: Current Practice and research priorities", *GeoJournal*, Vol. 61, No. 4, 2004.

61. Wang Y. M., Scott S., "Illegal Farmland Conversion in China's Urban Periphery: Local Regime and National Transitions", *Urban Geography*, Vol. 29, No. 4, 2008.

62. Pan W. K. Y., Richard E. B., "The use of a multilevel statistical model to analyze factors influencing land use: a study of the Ecuadorian Amazon", *Global and Planetary Change*, Vol. 47, 2005.

63. Yang H., Li X. B., "Cultivated Land and Food Supply in China", *Land Use Policy*, Vol. 17, No. 2, 2000.

64. Zhang X. Q., "Urban Land Reform in China", *Land Use Policy*, Vol. 14, No. 3, 1997.

65. ［英］A. P. 瑟尔沃:《增长与发展（第6版）》, 商务印书馆1997年版。

66. ［美］E. 多马：《经济增长理论》，商务印书馆 1983 年版。

67. ［英］阿瑟·刘易斯：《经济增长理论》，周师铭等译，商务印书馆 1983 年版。

68. ［美］保罗·萨缪尔森、威廉·诺德豪斯：《经济学（第18 版）》，萧琛主译，人民邮电出版社 2008 年版。

69. 蔡银莺、李晓云、张安录：《农地城市流转对区域生态服务价值的影响——以大连市为例》，《农村现代化研究》2005 年第26 卷第 3 期。

70. 蔡银莺、张安录：《耕地资源流失与经济发展的关系分析》，《中国人口·资源与环境》2005 年第 15 卷第 5 期。

71. 蔡运龙：《土地利用/土地覆被变化研究：寻求新的综合途径》，《地理研究》2001 年第 20 卷第 6 期。

72. 蔡运龙：《中国经济高速发展中的耕地问题》，《资源科学》2000 年第 22 卷第 3 期。

73. 蔡运龙：《中国农村转型与耕地保护机制》，《地理科学》2001 年第 21 卷第 1 期。

74. 陈百明、杜红亮：《试论耕地占用与 GDP 增长的脱钩研究》，《资源科学》2006 年第 28 卷第 5 期。

75. 陈福军：《我国城市生产函数的初步研究》，《东北财经大学学报》2001 年第 1 期。

76. 陈江龙、曲福田、陈雯：《农地非农化效率的空间差异及其对土地利用政策调整的启示》，《管理世界》2004 年第 8 期。

77. 陈启佑、何英彬：《论土地利用/覆盖变化研究中的尺度问题》，《经济地理》2005 年第 25 卷第 2 期。

78. 陈秀山、张可云：《区域经济理论》，商务印书馆 2003 年版。

79. 陈竹、张安录：《农地城市流转外部性研究进展评述》，《长江流域资源与环境》2013 年第 22 卷第 5 期。

80. 邓祥征、战金艳：《中国北方农牧交错带土地利用变化驱动力的尺度效应分析》，《地理与地理信息科学》2004 年第 20 卷第 3 期。

81. 杜受祜、刘宇、郭晓鸣：《中国粮食问题：现实分析与评价》，《中国农村观察》1996 年第 1 期。

82. 傅泽强、蔡运龙、杨友孝、戴尔阜：《中国粮食安全与耕地资源变化的相关分析》，《自然资源学报》2001 年第 16 卷第 4 期。

83. 高魏、闵捷、张安录：《基于岭回归的农地城市流转影响因素分析》，《中国土地科学》2007 年第 21 卷第 3 期。

84. 高魏、闵捷、张安录：《农地城市流转与城市化、经济增长动态关系的计量经济分析》，《资源科学》2010 年第 32 卷第 3 期。

85. 郭贯成：《耕地面积变化与经济发展水平的相关分析》，《长江流域资源与环境》2001 年第 10 卷第 5 期。

86. 郭琳、严金明：《中国建设占用耕地与经济增长的退耦研究》，《中国人口·资源与环境》2007 年第 17 卷第 5 期。

87. 郭志达、方涛、杜培军、负疆：《论复杂系统研究的等级结构与尺度推绎》，《中国矿业大学学报》2003 年第 32 卷第 3 期。

88. 何英彬、姚艳敏、唐华俊、陈佑启、陈仲新、杨鹏、于士凯：《土地利用/覆盖变化驱动力机制研究新进展》，《中国农学通报》2013 年第 29 卷第 2 期。

89. 胡祖光：《基尼系数理论最佳值及其简易计算公式研究》，《经济研究》2004 年第 9 期。

90. 简新华、黄锟：《中国城镇化水平和速度的实证分析与前景预测》，《经济研究》2010 年第 3 期。

91. 简新华、张国胜：《日本工业化、城市化进程中的"农地非农化"》，《中国人口·资源与环境》2006 年第 16 卷第 6 期。

92. 李建强、童立里、肖洪安：《成都市农地非农化空间效率差异分析》，《四川农业大学学报》2008 年第 26 卷第 3 期。

93. 李启增：《新增长理论与贸易——增长问题》，《经济学动态》1994 年第 7 期。

94. 李实、罗楚亮：《中国城乡居民收入差距的重新估计》，《北京大学学报》（哲学社会科学版）2007 年第 44 卷第 2 期。

95. 李秀彬：《中国近 20 年来耕地面积的变化及其政策启示》，《自然资源学报》1999 年第 14 卷第 4 期。

96. 李秀彬：《土地利用变化的解释》，《地理科学进展》2002 年第 21 卷第 3 期。

97. 李兆富、杨桂山：《苏州市近 50 年耕地资源变化过程与经济发展关系研究》，《资源科学》2005 年第 27 卷第 4 期。

98. 林毅夫、蔡昉、李周：《中国经济转型时期的地区差距分析》，《经济研究》1998 年第 6 期。

99. 刘庆、陈利根、张凤荣：《中国 1986 年至 2006 年耕地非农化数量与经济发展关系的计量分析》，《资源科学》2009 年第 31 卷第 5 期。

100. 陆红生：《土地管理学总论》，中国农村出版社 2002 年版。

101. 罗格平、张爱娟、尹昌应、鲁蕾：《土地变化多尺度研究进展与展望》，《干旱区研究》2009 年第 26 卷第 2 期。

102. 罗汉译：《诺贝尔奖获得者演说文集（经济学奖）》，商务印书馆 1997 年版。

103. 孟向京、侯东民：《我国耕地变动成因及占用水平评价》，《市场与人口分析》2001 年第 7 卷第 3 期。

104. 闵捷、张安录、高魏、汪鹏：《湖北省不同地貌类型城市农地城市流转驱动机制比较研究》，《资源科学》2009 年第 31 卷第 7 期。

105. 闵捷、张安录、吴中元、蔡为民：《农地城市流转驱动机制的时空尺度效应分析》，《自然资源学报》2008 年第 23 卷第

5 期。

　　106. 潘士远、史晋川：《内生经济增长理论：一个文献综述》，《经济学（季刊）》2002 年第 1 卷第 4 期。

　　107. 邱炳文、高建阳、陈崇成、随银波、崔红生：《闽清县农业用地变化驱动力的尺度效应分析》，《华侨大学学报》2008 年第 29 卷第 1 期。

　　108. 曲福田、陈江龙、陈雯：《农地非农化经济驱动机制的理论分析与实证研究》，《自然资源学报》2005 年第 20 卷第 2 期。

　　109. 曲福田、吴丽梅：《经济增长与耕地非农化的库兹涅茨曲线假说及验证》，《资源科学》2004 年第 26 卷第 5 期。

　　110. 邵景安、李阳兵、魏朝富、谢德体：《区域土地利用变化驱动力研究前景展望》，《地球科学进展》2007 年第 22 卷第 8 期。

　　111. 沈坤荣：《体制转型期的中国经济增长》，南京大学出版社 1999 年版。

　　112. 谭荣、曲福田、郭忠兴：《中国耕地非农化对经济增长贡献的地区差异分析》，《长江流域资源与环境》2005 年第 14 卷第 3 期。

　　113. 谭荣、曲福田：《农地非农化的空间配置效率与农地损失》，《中国软科学》2006 年第 5 期。

　　114. 谭荣、曲福田：《中国农地非农化与农地资源保护：从两难到双赢》，《管理世界》2006 年第 12 期。

　　115. 谭荣：《农地非农化的效率：资源配置、治理结构与制度环境》，博士学位论文，南京农业大学，2008 年。

　　116. 王红茹：《土地纠纷急催征地制度改革》，《中国经济周刊》2006 年第 9 期。

　　117. 王立宏：《新经济增长理论的演化解说》，《辽宁大学学报》（哲学社会科学版）2007 年第 35 卷第 1 期。

118. 王鹏：《新经济增长理论与台湾经济增长研究》，博士学位论文，厦门大学，2006 年。

119. 王万茂：《市场经济条件下土地资源配置的目标、原则和评价标准》，《自然资源》1996 年第 1 期。

120. 邬建国：《景观生态学——概念与理论》，《生态学杂志》2000 年第 19 卷第 1 期。

121. 邬建国：《景观生态学——格局、过程、尺度与等级》，高等教育出版社 2000 年版。

122. 吴传钧、郭焕成：《中国土地利用》，科学出版社 1994 年版。

123. 吴次芳、谭永忠：《制度缺陷与耕地保护》，《中国农村经济》2002 年第 7 期。

124. 吴次芳、杨志荣：《经济发达地区农地非农化的驱动因素比较研究：理论与实证》，《浙江大学学报》（人文社会科学版）2008 年第 38 卷第 2 期。

125. 吴易风：《马克思的经济增长理论模型》，《经济研究》2007 年第 9 期。

126. 杨桂山：《土地利用/覆被变化与区域经济发展——长江三角洲近 50 年耕地数量变化研究的启示》，《地理学报（增刊）》2004 年。

127. 杨桂山：《长江三角洲近 50 年耕地数量变化的过程与驱动机制研究》，《自然资源学报》2001 年第 16 卷第 2 期。

128. 杨桂山：《长江三角洲耕地数量变化趋势及总量动态平衡前景分析》，《自然资源学报》2002 年第 17 卷第 5 期。

129. 杨志荣、吴次芳、刘勇：《中国东、中、西部地区农地非农化进程的影响因素》，《经济地理》2008 年第 28 卷第 2 期。

130. 叶忱、黄贤金：《江苏省经济发展及人口增长与耕地资源动态变化研究》，《华中农业大学学报》（社会科学版）2000 年第 2 期。

131. 叶艳妹、吴次芳：《我国土地产权制度与耕地保护问题研究》，《农业经济问题》1997 年第 6 期。

132. 尹锋、李慧中：《建设用地、资本产出比率与经济增长——基于 1999—2005 年中国省际面板数据的分析》，《世界经济文汇》2008 年第 2 期。

133. 岳天祥、刘纪远：《生态地理建模中的多尺度问题》，《第四纪研究》2003 年第 23 卷第 3 期。

134. 张安录、杨钢桥：《美国城市化过程中农地城市流转与农地保护》，《中国农村经济》1998 年第 11 期。

135. 张安录：《城乡生态经济交错区农地城市流转机制与制度创新》，《中国农村经济》1999 年第 7 期。

136. 张安录：《城乡生态经济交错区土地资源可持续利用与管理研究》，博士学位论文，华中农业大学，1999 年。

137. 张大维、刘博、刘琪：《Eviews 数据统计与分析教程》，清华大学出版社 2010 年版。

138. 张基凯、吴群、黄秀欣：《耕地非农化对经济增长贡献的区域差异研究——基于山东省 17 个地级市面板数据的分析》，《资源科学》2010 年第 32 卷第 5 期。

139. 张正栋：《35 a 来海南岛耕地变化与人口经济发展间的相关分析》，《中国沙漠》2005 年第 25 卷第 5 期。

140. 赵小风、黄贤金、钟太洋、彭佳雯、赵雲泰、吕晓：《江苏省开发区土地集约利用的分层线性模型实证研究》，《地理研究》2012 年第 31 卷第 9 期。

141. 朱红波：《论粮食安全与耕地资源安全》，《农业现代化研究》2006 年第 27 卷第 3 期。

142. 朱勇：《新增长理论》，商务印书馆 1999 年版。